"Nessun uomo, nessuna forza
possono abolire la memoria"
Franklin Delano Roosvelt, 1942

Ringraziamo lo storico Franco Giannantoni per i preziosi consigli, le integrazioni delle note e la concessione alla riproduzione della fotografia di Giuseppe Bacciagaluppi di pag. 266. La signora Dora Chiabov per la concessione alla riproduzione delle fotografie di pagg. 264-265. La professoressa Silva Bon per la prefazione e l'intervista che ha rappresentato lo spunto per la stesura del libro. Luciana Gamberoni per il lavoro redazionale.
L'autrice ringrazia il professor Tristano Matta per la revisione del lavoro, i cugini Bauer-Vasieri per le ricerche genealogiche e per aver messo a disposizione l'archivio fotografico Fischer. Paolo Gozzi per la traduzione della lettera dal triestino all'italiano. Pierluigi Sabatti per i preziosi consigli. Antonio Torcoli per averle dato l'idea di scrivere il libro e Pepé Kostoris per averla strenuamente incoraggiata fin dalla prima stesura.

© Edizioni Arterigere - Varese settembre 2011
Piazza De Salvo 7, 21100 Varese
Tel. 0332 26 44 67 - Fax 0332 26 44 67
info@arterigere.it - www.arterigere.it
ISBN: 978-88-89666-68-5

Prefazione
di Silva Bon

Trieste mi è venuta incontro. Mi è venuta incontro in quella autocorriera su cui caricavo le valigie in un buio e limaccioso mattino milanese: parlava il dialetto triestino l'autista, avevano l'accento triestino molti passeggeri ...
Più volte mi sono sentito dire da non triestini che Trieste è una bella città ... quello che può piacere di Trieste non può essere ... che la sua posizione fra mare e monte in fondo al suo comodo golfo e chiusa tutto in giro da alture, quasi a significare che la sua vita viene dal mare e ... attraverso il mare respira aria di terre lontane ... Arrivando dall'interno, dalle "vecchie province", sia in macchina che in ferrovia, si piomba sulla città dall'alto e non si può non dirla bella, protesa com'è verso il mare con la punta della "Lanterna", con i moli e le dighe.
Ricordavo allora che a ogni ritorno mi succedeva sempre di mettere la testa al finestrino ... per godermi lo spettacolo ... con uno sguardo rivedevo tutta la città e mi sentivo tornato a far parte di essa con in me qualcosa di nuovo. Avevo superato gli esami, avevo fatto il servizio militare, tornavo

da un viaggio all'estero: quasi sempre si chiudeva qualche piccola o grande esperienza, questa volta tornavo dopo una guerra.[1]

Sono le parole di Arturo Paschi, Tucci per gli amici, al suo rientro a Trieste, esaurita la drammatica esperienza della seconda guerra mondiale, che lo vede giovane ebreo resistente, nel codice cifrato di Radio Londra *il Segretario di Nino*, salvato rocambolescamente a Milano dagli amici partigiani.

Rossella Paschi tesse il proprio romanzo, la propria storia, attraverso la rimembranza della figura del padre, Arturo, punto di riferimento costante della narrazione, ma anche filtro della "triestinità": di quella società borghese anticonformista, colta, propria del *milieu* ebraico, e allo stesso tempo punto di forza di un certo modo di essere delle donne e degli uomini giuliani impegnati nella vita politica, culturale, letteraria locale e nazionale del Novecento.

Due *fils rouges*, dunque: le vicende umane del singolo personaggio Arturo, mosse sullo sfondo degli anni della *Shoah*; e tutta una collettività, colorita di figure tracciate in punta di penna, da quelle più strettamente familiari, unite da un vincolo parentale, a quelle allargate alla vita e al mondo triestino, alla città Trieste, ma sempre inserite in un contesto di relazioni più ampie, anche internazionali.

---

1   Rossella Paschi, *Il Segretario di Nino*, Edizioni Arterigere, Varese 2011, pp. 75-80.

Così i riferimenti documentali alle lettere; ai carteggi; alle citazioni di libri; agli interventi politici legati alle idee e ai *leader* socialisti; ai movimenti antifascisti; ai protagonisti della società civile; agli intellettuali; e ancora alle situazioni storiche del difficile lungo dopoguerra giuliano negli anni della Guerra Fredda, quando la Venezia Giulia, posta sotto il Governo Militare Alleato, stava al confine col "mondo slavo e comunista", era un baluardo di "iper" - italianità, in un territorio conteso sotto il profilo delle nazionalità e delle ideologie contrapposte: sono vere e proprie parti storiche, ricostruite anche con le parole scritte, o attraverso i giudizi espressi e raccolti oralmente, mai neutrali, sempre pensati, maturi, sofferti.

Naturalmente l'esperienza dell'appartenenza di Arturo alla lotta nel movimento di liberazione dai fascisti e dai nazisti occupanti (dopo l'8 settembre 1943); l'adesione concreta alla Resistenza, il racconto del suo ferimento, del suo arresto, del salvataggio organizzato dagli amici che lo mettono al riparo in Svizzera, occupano in termini estesi tutta la prima parte della narrazione. Negli anni del secondo dopoguerra più volte queste storie saranno oggetto di interviste,[2] che vedono Arturo Paschi orgoglioso testimone

---

2 Cfr. Silva Bon, *Arturo Paschi. Intervista rilasciata il 6 dicembre 1991 al Caffè San Marco di Trieste*, in Silva Bon, *Testimoni della Shoah. La memoria dei salvati. Una storia del Nord Est*, Centro Isontino di Ricerca e Documentazione Storica e Sociale "Leopoldo Gasparini", Gorizia 2005, pp. 216-225. Cfr. anche intervista rilasciata a Tristano Matta.

delle proprie scelte e azioni politiche, cui rimane coerentemente fedele per tutta la vita: del resto per lui il mondo, la società, resteranno per sempre divisi in termini manichei tra fascisti e antifascisti.

Il collante di quest'ampia materia narrativa, dagli spunti diversificati e dalle molteplici sfaccettature, sono lo sguardo critico di Rossella; il suo vissuto individuale; le scelte personali; l'intraprendenza e l'autonomia che la portano altrove: tutto ciò lei racconta in un *outing* sincero, a volte impetuoso, a volte coraggioso. Diventa così lei stessa "personaggio", narrante e narrato.

E ancora: l'ironia, il *witz* (ebraico? o piuttosto proprio dell'*animus* triestino?) percorrono tutto il lavoro, fin dalla prima battuta: *Fascista, ma no cativo!*,[3] mutuata da Arturo e dai suoi amici ebrei, che alludevano con bonomia, ma anche con un certo senso di superiorità, con una qualche dose di condiscendenza, agli atteggiamenti persecutori antisemiti dei fascisti e più in generale al conformismo omologato dei più, negli anni Trenta del Novecento, negli anni del massimo consenso di massa al regime totalitario mussoliniano.

Per giungere alla conclusione di una vita, quando *il babbo decise di andarsene questa volta per sempre e finalmente vennero a prenderselo quelli che lui invano aspettava ormai da un paio d'anni* ("Perché no i vien a ciorme? ...

---

3   Rossella Paschi, *Il Segretario di Nino,* op. cit., p. 13.

No i me vol ... E pur mi son qua che li speto, mi son pronto ..."). E dopo di loro passò dunque anche il rabbino ... e la questione, *di sapore squisitamente ebraico*, se il funerale dovesse essere simile ad un ricevimento aperto a tutti gli amici, oppure una cerimonia intima, *non era che un modo per celare l'unica vera preoccupazione: se, con l'aiuto del rabbino, il "Segretario di Nino" fosse arrivato bene.*[4]

Questo libro costituisce motivo di continue sorprese, fonte ricca di apprendimenti che si rapportano sempre a un profondo senso di umanità.

Così, del resto, ricco di umanità, ho conosciuto io stessa Arturo Paschi, quando ho avuto modo, più volte, di relazionarmi con lui in diversi incontri: ad esempio nella sede della Circoscrizione del suo quartiere rionale, oppure al Caffè San Marco, locale storico e punto d'incontro di intellettuali triestini. La sua gentilezza e sensibilità alleggerivano le mie tensioni e io ricordo soprattutto un uomo dallo sguardo buono e sorridente.

---

4   *Idem*, p. 240.

Rossella Paschi

Il segretario di Nino
Un ebreo triestino nella Resistenza

Arturo Paschi dalla lotta antifascista
alla cattura, alla fuga in Svizzera,
al ritorno in patria fra speranze e amarezze

EDIZIONI ARTERIGERE - COLLANA LA MEMORIA

I
GUERRA

"Fascista, ma no cativo!", diceva mio padre, Arturo Paschi, mutuando una frase di Bruno Pincherle, grande amico di famiglia e nostro pediatra.

A leggere un'intervista rilasciata dal babbo a Silva Bon[1] il 6 dicembre 1991 al Caffé San Marco, i fascisti non erano poi stati tanto cattivi con lui, se si eccettuava l'esclusione dai club sportivi di cui era stato socio prima della promulgazione delle leggi razziali.[2]

---

1.   L'intervista è pubblicata in Silva Bon: *Testimoni della Shoah. La memoria dei salvati. Una storia del Nord Est*, Centro Isontino di Ricerca e Documentazione Storica Sociale "Leopoldo Gasparini", Gorizia 2005, pp. 216-225.
2.   Nel 1938 Mussolini si pronunciò più volte sul tema degli ebrei e della loro persecuzione e sul razzismo. Il 14 luglio venne pubblicato il *Manifesto degli scienziati razzisti* noto come il *Manifesto sulla razza*; il 6 agosto fu diffuso il primo numero del periodico antisemita e razzista *La difesa della razza*; il 22 agosto fu effettuato il censimento presso ogni Prefettura (coloro che dichiararono di appartenere all'ebraismo furono 46.656); fra l'1 e il 2 settembre furono emessi alcuni provvedimenti nei confronti degli ebrei stranieri, fu istituito il Consiglio superiore per la Demografia e la Razza; furono adottati provvedimenti per la difesa della razza nella scuola fascista; furono istituite

"Per quanto riguarda le violenze e l'intolleranza va rilevato quello che chi non è stato colpito non sempre ha notato: l'enorme differenza fra il periodo prima dell'occupazione e il periodo successivo, con tanto di rischio di deportazione. Personalmente non posso dire di ricordare episodi particolarmente spiacevoli, forse perché andavo in montagna, continuavo ad andarci e frequentavo l'ambiente meno impegnato nel fascismo, che era quindi anche più libero di pensare e di comportarsi come prima".

---

scuole elementari per i fanciulli di razza ebraica. Lo schema prevedeva fra l'altro l'espulsione di tutti gli studenti ebrei dalle scuole del Regno e il licenziamento degli insegnanti ebrei. Proprio a Trieste il 18 settembre 1938 Mussolini annunciò dal palco di Piazza dell'Unità d'Italia l'imminente promulgazione delle leggi razziali. Il 6 ottobre il Gran Consiglio varò la *Dichiarazione sulla razza,* lo strumento ufficiale della discriminazione della comunità ebraica in Italia che contava circa 45 mila cittadini, entrato in vigore il 19 novembre. Altri provvedimenti furono emessi fra il 7 e il 10 novembre. A Trieste uno dei primi personaggi "pubblici" a fare le spese della normativa antisemita prima ancora della sua adozione ufficiale fu il podestà "ebreo" Enrico Paolo Salem, alla cui figura Silva Bon ha dedicato il saggio intitolato: *Un fascista imperfetto,* Edizioni Centro Isontino di Ricerca e Documentazione Storica e Sociale "Leopoldo Gasparini", Gorizia 2009. Di padre ebreo e madre cattolica, decorato con la croce di guerra dopo aver combattuto nell'esercito italiano in quanto ufficiale di cavalleria nel primo conflitto, fu iscritto al Partito Nazional Fascista fin dal 1921. Nel 1933 fu nominato podestà di Trieste. Nonostante si fosse distinto per tutta una serie di opere pubbliche, in parte anche discutibili, ma sicuramente gradite allo spirito "modernista" dell'epoca e del partito, a causa della sua ascendenza paterna ebraica dovette dare le dimissioni dalla carica già il 6 agosto 1938, per evitare un imbarazzante incontro con Mussolini, la cui visita alla città era prevista appunto per il mese successivo. Per i suoi meriti "urbanistici" il 30 settembre di un anno prima era stato riconfermato nella carica di podestà per un secondo mandato che sarebbe dovuto scadere nel 1941.

"E il censimento obbligatorio, l'autodenuncia all'anagrafe?" aveva chiesto Silva Bon.

"A proposito dell'autodenuncia ho da citare un episodio pittoresco dovuto alla leggerezza italiana: l'obbligo di denuncia c'era e anagraficamente tutti gli ebrei avrebbero dovuto essere schedati. Avevo una zia che da giovane era passata al cattolicesimo per convinta fede e si era poi sposata a Conegliano Veneto. Lei non ha mai ritenuto di dover fare la denuncia e non è mai stata scoperta, ha continuato a vivere nella sua famiglia *ariana* come se niente fosse. Per quanto mi riguarda devo ammettere che fino al '43, a parte il fatto di dover vivere dell'attività economica che mio fratello aveva ripreso da nostro padre, non ho subito nessun disagio particolare, abbiamo addirittura potuto tenerci la domestica con un certificato medico di nostra madre ormai anziana visto benevolmente, ci tengo a dirlo, dall'allora commissario della Questura Pisciotta".[3]

Racconta a sua volta suo fratello Leo:

"Nel 1934 sono entrato a tempo pieno nell'azienda di mio padre. Le leggi razziali mi hanno colto in pieno impiego e con la ditta che stava progredendo. Non ricordo esattamente quando ho dovuto cessare del tutto l'attività, comunque, con l'aiuto e la collaborazione di amici non ebrei, ho potuto lavorare ancora a lungo, ho costituito una

---

3. Citato fra i funzionari della Questura di Trieste che aiutarono gli ebrei durante le persecuzioni nel libro di Silva Bon Gherardi *La persecuzione antiebraica a Trieste (1938-1945)*, Del Bianco Editore, Udine 1972, pag. 245.

ditta intestata a nome del mio amico Giorgio Oberleger...". "Quanto a episodi d'intolleranza razziale del '36, '37 o dei primi del '38, aveva aggiunto mio padre, quello che mi ha colpito moralmente è stato il fatto di essere escluso dalle associazioni sportive e in proposito posso aggiungere che la Società di scherma era stata la più sollecita, avendo fra i suoi maggiorenti due personaggi ben inseriti nel fascismo. Il Club Alpino Italiano (CAI) invece ci avvisò che per disposizione nazionale non poteva rinnovarci la tessera, tuttavia c'invitava ugualmente a partecipare alle sue gite ed escursioni quali non soci. In quell'epoca, se ben ricordo, partecipava alle attività del CAI anche Rita Rosani, poi medaglia d'oro della Resistenza.[4] Io credo di essere ancora andato a sciare nel '41".

Quello di cui mio padre si sarebbe rammaricato per tutta la vita era di aver rinunciato alla carriera di avvocato. In fondo non pochi suoi correligionari avevano continuato a esercitare le libere professioni, i medici in particolare, su in-

---

4. Rita Rosani (1920-1944). Di famiglia ebraica di origine cecoslovacca (Rosenzweig). Essendo stata espulsa da scuola nel '38 come tutti gli ebrei, termina le scuole magistrali da privatista e diventa insegnante elementare alla Scuola ebraica di Trieste. Dopo l'8 settembre entra nella Resistenza armata prima a Portogruaro poi a Verona. Fonda "Aquila", una piccola banda partigiana con cui combatte nella zona di Valpolicella e poi di Zevio. La base operativa della formazione che conta una ventina di unità è sul Monte Comun di Negrar (Verona). Il 17 settembre 1944 nel pieno di un rastrellamento nazifascista, cade alla testa dei suoi compagni che l'avevano invitata a fuggire per salvare la vita.

sistenza dei propri clienti, accettando l'imposizione del regime di farlo limitatamente ai propri consimili.

"Alla promulgazione delle leggi razziali avevo 24 anni e facevo il praticante in uno studio d'avvocato. Ero appassionato a quella professione per cui, quando dovetti giocoforza abbandonarla, ne subii un certo disappunto morale".

Papà aveva rinunciato a esercitare la professione che si era scelta e che lo appassionava, tuttavia, a conferma del fatto che i fascisti non erano poi stati tanto cattivi con lui, si autocolpevolizzava per quella rinuncia, in quanto alla fin fine era stato lui a decidere di non presentarsi all'esame di procuratore legale.

"La verità è che i professionisti avrebbero potuto continuare l'attività, ma solo con clienti *corazziali*, il che diventava assurdo per un giovane che doveva appena iniziare la carriera. Ci sono stati dei miei coetanei che, forse per essere in migliori condizioni economiche, hanno passato l'esame e, una volta abrogate le leggi razziali, hanno potuto seguire la strada che si erano scelti. Io mi sono sempre rammaricato di non aver voluto presentarmi a quell'esame che mi appariva del tutto inutile, tanto più che i miei parenti, alcuni dei quali risiedevano a Spalato, mi consideravano il giovane non sposato, ma maturo, che poteva andarsene in giro per il mondo a preparare il terreno per gli altri: io ero uomo fatto, ma non avevo famiglia, mio fratello aveva un bambino piccolo, i miei cugini di Spalato erano tutti più giovani".

C.F.P.A. SINDACATO FASCISTA
AVVOCATI E PROCURATORI DI TRIESTE

Palazzo di Giustizia stanza 84
5872/R.S.P.P.

Trieste, 6 dicembre 1939/XVIII

Il Direttorio
Del sindacato Fascista Avvocati e Procuratori per la circoscrizione del Tribunale di Trieste;
– nella seduta del 4 dicembre 1939/XVIII;
– sentita la relazione del Presidente;
– visti i documenti a suo tempo presentati dal dott. Arturo Paschi per ottenere l'iscrizione nel registro dei praticanti speciali;
– ritenuto che il nominato risulta laureato il giorno 13 luglio 1935 e che pertanto è decorso il periodo legale di quattro anni dalla laurea entro il quale i laureati in giurisprudenza sono ammessi ad esercitare il patrocinio dinanzi alle Preture del Distretto;
– che l'interessato è stato avvisato con lettera raccomandata con ricevuta di ritorno dd. 6 nov. 1939 n. 1578;

ordina

la cancellazione del dott. Arturo Paschi dal registro dei praticanti speciali ammessi al patrocinio dinanzi alle Preture del Distretto, e d'ufficio dall'elenco dei soci del sindacato.

Insomma, malgrado i primi timidi successi, papà non ci teneva proprio a esordire come avvocato non potendo andare a cercarsi clienti fuori dalla Comunità ebraica, che pure era nutrita in quegli anni a Trieste e alla quale era regolarmente iscritto, anche se la sua famiglia non era mai stata particolarmente religiosa. Negli ultimi anni della sua vita lo zio Leo ci ammannirà per Pasqua la minestra di azzime con le polpette di carne macinata mista – manzo e maiale – "Certo carne mista, dava per scontato, xe 'sai più bon"…[5]

"Non ero molto legato alla Comunità. Quella volta ancora, cosa che oggi non faccio più perché mi considero agnostico, frequentavo la sinagoga coi genitori solo nelle maggiori solennità".[6]

"Lei oggi è iscritto alla comunità?" aveva chiesto Silva Bon.

"Sì, sono rimasto iscritto e ho un amico *ebreo antisemita*, perché ce ne sono, che mi ha domandato perché fossi ancora iscritto. Gli ho risposto: ho i miei genitori al cimitero ebraico, finirò in quel cimitero".

Del resto papà era l'esempio classico dell'ebreo che mai prima delle leggi razziali, guarda caso ufficialmente annunciate da Mussolini il 18 settembre 1938 proprio dal palco del municipio in Piazza Unità a Trieste, avrebbe

---

5. Agli ebrei, come ai musulmani, è fatto divieto di mangiare carne di maiale.
6. "Andavo in Tempio" si sarebbe detto in famiglia.

pensato di appartenere a un'altra... etnia si direbbe oggi? Diciamo cultura, ascendenza, origine o semplicemente religione... Eppoi altra rispetto a cosa, in una città mitteleuropea-balcanico-mediterranea-cosmopolita-multietnica-pluriconfessionale-poliglotta quale Trieste era da sempre, nodo di traffici e commerci terrestri e marittimi, punto d'incrocio di strade, di flussi migratori, di scambi d'ogni genere fra Nord e Sud, fra Est e Ovest?

Racconta Renato Ferrari[7] ne *Il gelso dei Fabiani*:

"Non è facile stabilire in che misura ogni singolo gruppo etnico sia rappresentato nella massa degli immigrati. Si sa con certezza che l'immigrazione dei Greci, iniziata nel 1751, è una delle più forti. Quanto agli Ebrei, la città vecchia ne ha già per conto suo un buon numero, ma la notizia dello sviluppo della città ne attrae altri da ogni angolo del mondo, specialmente dopo che Giuseppe II, figlio di Maria Teresa, concede loro di abitare fuori dal ghetto, nonché di vestire a loro talento e di essere ammessi agli

---

7.   Renato Ferrari, nato a Gorizia nel 1908 da genitori triestini, visse poi a Milano dove morì nel 2002. È sepolto nel cimitero di Kobdilj, in Slovenia, nella tomba dei suoi antenati. Antifascista convinto, faceva parte di un gruppo di triestini, fra cui Bruno Pincherle, Ermanno Bartellini (vedi note 26 e 55) e Amos Chiabov, che furono arrestati e incarcerati o inviati al confino in seguito all'attentato di Milano del 12 aprile 1928 per il quale erano stati ingiustamente accusati gli appartenenti alla "Giovane Italia". Scrittore e giornalista, ha collaborato, fra l'altro, al «Politecnico» di Elio Vittorini. Fra i suoi libri, *Il gelso dei Fabiani - Un secolo di pace sul Carso* (1975), *Cani e gatti a Trieste* (1983), *Il caffè Ferrari ai volti di Chiozza* (1993). Il passo qui citato si trova a pag. 18 dell'edizione del maggio 1997 di Italo Svevo & Mgs Press, Trieste.

impieghi della Borsa e del Comune. La libertà di culto accordata agli Evangelici dallo stesso imperatore determina un folto afflusso di Protestanti: Calvinisti, Conformisti, Metodisti, Luterani, Presbiteriani, Anglicani, Valdesi. Poiché la maggior parte degli immigrati proviene dalle varie province dell'Austria, Trieste diviene in breve tempo un modellino in scala ridotta dell'Impero, avendo rappresentanze linguistiche di tutti i popoli che lo formano e riflettendo, come uno specchio riduttore, la multiforme composizione delle sue stirpi".

Nella scuola di Trieste "Dante Alighieri" era cresciuta fra le due guerre una classe fortunata, condotta dalla prima ginnasio fino alla maturità classica dal professore d'italiano e latino Giani Stuparich. Ne tratta il documentario di Lilla Cepak e Giampaolo Penco *La classe di Stuparich*,[8] nel quale fra gli altri intervistati lo zio Leo parla dei molteplici allievi che, come racconta Egone Cenni, ex Kenich, "erano italiani puri, italiani impuri, sloveni, cattolici, protestanti, ebrei... mancava il musulmano..."; in compenso negli ultimi anni si aggiungerà lo studente Sofianopulo, greco, nipote del pittore Cesare, che nell'intervista dichiara: "Ho portato sempre quel peso sulla gamba della difficoltà di esprimermi in italiano".

"Ma io come sloveno non mi ero mai sentito meno vicino a Stuparich di quelli che erano italiani di origine o ebrei di varia discendenza nazionale" – dichiara Janko Jež –, che

---

8. Trasmesso sulla rete RAI TV 3 nel dicembre 1997.

resterà sempre grato al professore per essere stato l'unico a pronunciare correttamente il suo cognome, rispettando la sua identità di sloveno costretto dalla legge Gentile del '23 a studiare in una lingua che non era la sua.

"Quelli che ci tenevano di noi erano assenti nelle festività ebraiche, – racconta lo zio Leo –, il problema di essere ebreo o no non era sentito, c'erano parecchi ebrei e molti misti. Stuparich stesso era misto. Ebrei erano anche parecchi altri professori, a incominciare da Sabbadini, noto in tutta Italia per i suoi 4 in greco. Ebrei erano non pochi professori che erano considerati fra le *colonne* del Dante".[9]

"[…] Senonché improvvisamente col '38 sono intervenute le famose leggi razziali, – prosegue Egone Cenni con espressione disgustata –, che per noi tutti a Trieste, meno qualche matto, e per me in particolare, che sono vissuto in ambiente ebraico per tutta la scuola, erano un'offesa, uno schianto, una cosa che non potevamo accettare".

A prescindere dal suono *esotico* dei primi cinque cognomi della lista d'appello della classe, Jež, Katz, Kenich, Kramer e Kraus, erano stati tutti semplicemente triestini fino al fascismo, quando in molti si lasciarono indurre a cambiare cognome, compresi i Paschkes, ebrei di origine ungherese, i quali divennero Paschi, con la scusa che era un nome troppo difficile da pronunciare italianamente

---

9. Non per niente quando questi professori saranno costretti a lasciare le altre scuole per insegnare esclusivamente alla Scuola ebraica, questa diventerà uno dei migliori centri d'insegnamento della città.

parlando. In realtà sostiene un amico ungherese che la famiglia ebraica Paschkes dovrebbe venire piuttosto dalla Boemia, e a conferma di quest'affermazione nel cimitero ebraico di Praga mia sorella Silvia ha scovato la tomba di un Arthur Paschkes, omonimo di nostro padre.

Riferisce comunque nello stesso documentario Bruno Vasari,[10] ex Lonschar: "Suonava bene e non facevo fatica a sillabarlo!". Esattamente la motivazione che adduceva

---

10. Bruno Vasari, con origini boeme e, da parte di madre, ebraiche, nato a Trieste nel 1911. Dopo il liceo con Stuparich, studiò giurisprudenza a Padova e si laureò a Torino. Venne assunto dalla Eiar, futura Rai, che nel 1943 lo licenziò per motivi politici. "Salutai questo licenziamento come una liberazione". Dice lui ridendo nel documentario sulla classe di Stuparich. Si trasferì a Milano e intensificò i rapporti con la Resistenza, finché non fu arrestato e incarcerato a San Vittore, da dove fu deportato prima nel campo di Bolzano e poi a Mauthausen. "Il carcere di San Vittore è stato il periodo peggiore per paura di commettere errori negli interrogatori", aggiunge nel documentario, e lo zio Leo: "Nessuno di noi sapeva che Vasari avesse un'attività politica, neppure mio fratello che era in contatto. Ha avuto la fortuna di finire a Mauthausen come politico e non come ebreo". Ciononostante prese parte a una selezione per la camera a gas, racconta lui sempre ridendo, per la quale fortunatamente non fu considerato ancora "maturo". Venne liberato il 5 maggio 1945 e dalla sua esperienza nacque il primo documento sulla deportazione e l'inferno dei campi di concentramento, pubblicato in Italia lo stesso anno: *Mauthausen bivacco della morte*. Sempre nel '45 fu riassunto alla Rai dove divenne direttore amministrativo e poi vice-direttore generale fino al pensionamento. Mai cessò il suo impegno per tenere viva la memoria della Resistenza e della deportazione. Fondò l'Associazione nazionale ex deportati (Aned) e dal 1974 diresse per vent'anni la rivista «Lettera ai compagni» fondata da Ferruccio Parri, organo della Federazione Italiana delle Associazioni Partigiane (FIAP). Nel 1978 venne insignito del titolo di Cavaliere di Gran Croce dell'Ordine al merito della Repubblica italiana. Fra i suoi scritti, che comprendono tra gli altri anche sei volumi di poesie, *Giani Stuparich - Ricordi di un allievo* (1999). Morì a Torino il 20 luglio del 2007. Tutto il suo archivio è stato depositato presso l'Istituto piemontese per la storia della Resistenza e della Società Contemporanea.

mio padre quando la mamma lo prendeva in giro perché osava farsi beffe di chi avesse *nobilitato* il proprio cognome, il quale italianizzandosi era divenuto in alcuni casi davvero aristocratico. "Tasi ti, Paschkes mio!".[11]

Altra occasione in cui la famiglia si *scandalizzava* era quando il babbo, sentendo nominare qualcuno il cui cognome non gli diceva niente, chiedeva: "Cossa fa el papà?". E noi gli rinfacciavamo di essere un socialista classista. "Ma era solo per sapere se lo conosco!". Si giustificava lui. "Come nasce?". Era un'espressione ancora più vituperata, in quanto puzzava addirittura di snobismo.

E qui entrava in gioco anche la mamma, che tante arie si dava di essere meno elitista di lui, dimostrando il contrario: "Non nasce!". Rispondeva altezzosa di fronte a un nome poco noto. A volte, nel sentir parlare di qualcuno di cui non si ricordava bene chi fosse, il babbo aggrottava le ciglia e chiedeva inclinando la testa in modo interrogativo: "Go de conosser?".

In compenso, se il nome aveva una minima risonanza giudaica, lo dichiarava *sospetto*, non senza una punta di soddisfazione, mentre la mamma esclamava convinta: "Unsere Leute!"(dei nostri), quasi che fosse stata lei l'ebrea. "Alegríe de Purím!"[12] era un'altra espressione che le

---

11. Stuparich non cedette mai al ricatto. Non per niente nel 1944 sarebbe stato internato con la moglie e la madre, entrambe ebree, nella Risiera di San Sabba, ma ne uscirono dopo qualche giorno grazie all'intervento del vescovo Santin.
12. Il "Carnevale" ebraico.

piaceva molto, soprattutto negli ultimi anni, quando ormai non faceva che lamentarsi.

Rimasi molto sconcertata quando, sentendosi prossimo alla fine ("Mi son qua, co' i vol son pronto, che i vegni pur a ciorme, ma perché no i vien a ciorme? No i me vol... e pur mi son qua pronto che li speto..."), il babbo mi comunicò con estrema solennità che ci teneva proprio a essere accompagnato alla tomba di famiglia dal rabbino. Ma come, proprio lui, che mi aveva cresciuta nella miscredenza più assoluta e nell'anticlericalismo più intransigente, sia pure mascherati da massima tolleranza religiosa? Sì, perché se mio padre era ebreo, non praticante, ma rigorosamente iscritto alla comunità israelita, mia madre era luterana, non praticante, ma rigorosamente iscritta alla comunità evangelica: così mia sorella e io eravamo state, come lei diceva ridendo, *annacquate*.

La mia nonna materna, protestante evangelica luterana, aveva abbandonato per sempre la Renania per sposare quel triestino austro-dalmata che era mio nonno, battezzato cattolico ma miscredente a sua volta. Lo aveva conosciuto a Monaco quando lui studiava economia e lei faceva la segretaria, donna emancipata per quell'epoca: la miseria delle famiglie germaniche fra le due guerre non permetteva a nessuno di storcere il naso, nemmeno alle ragazze da marito.

La nonna Hella, che avrebbe sempre mantenuto una silhouette flessuosa e sottile, raccontava briosa che non poteva mangiare molto perché lo stomaco le si era ristretto fin da giovane per la fame patita, il che non le aveva tuttavia impedito di nutrire uno spiccato senso dell'umorismo proprio della Renania.

La Hella deliziava le nipotine con storielle divertenti della sua infanzia di freddo e di privazioni, fra cui quella delle battaglie fra bambini con palle di cacca di cavallo congelata. Sua figlia Mausi un giorno ci svelò un segreto che non avrebbe dovuto rivelare: i capelli della nonna Hella erano bianchi da quando lei aveva 40 anni e il bel rosso Tiziano che si addiceva perfettamente alla sua pelle chiarissima con vaghe lentiggini e occhi bruni sotto folte sopracciglie marrone non era altro che una sapiente miscela del suo parrucchiere! Non appena scoprimmo il segreto noi bimbe, sadiche come tutti i bambini, incominciammo a provocarla: "Du hast weisse Haare! Du hast weisse Haare!" (Tu hai i capelli bianchi! Tu hai i capelli bianchi!) al che lei non esitava a ribattere: "Und du hast einen grünen Popo, und du hast einen grünen Popo!" (E tu hai il culo verde, e tu hai il culo verde!).

L'aneddoto più divertente della sua vecchiaia era che nel quotidiano di Trieste «Il Piccolo» si affrettava a leggere il necrologio: "Intanto controllo di essere ancora viva io, e poi non vorrei per sbaglio salutare per la strada qualcuno che invece è già morto e sepolto!".

Dopo l'asilo tedesco, frequentato anche da rampolli della borghesia cattolica italofona, immagino per mancanza di asili infantili a quell'epoca, a me e mia sorella erano stati inflitti corsi di religione impartiti dal pastore protestante in tedesco sulla base di una Bibbia scritta in gotico: in quegli anni i pastori venivano dalla Germania e non si davano ancora la briga di predicare in lingue che non fossero quella di Lutero. Forse i genitori intendevano darci una cultura religiosa nonostante l'anticlericalismo dell'intera famiglia o forse volevano semplicemente farci approfondire le conoscenze della lingua tedesca trasmesse con il Dna della nonna, il nonno essendo perfettamente bilingue come la mamma.

Sia come sia, mia sorella Silvia e io eravamo state diluite dall'ebraismo del padre non certo per convinzione religiosa, bensì per proteggerci da eventuali nuovi *pogrom*, ridacchiava quell'*eretica*, come si autodefiniva, di mia madre. Sulla parola *pogrom*, che la mamma usava con tanta cinica ironia, il babbo avrebbe però dissentito:

"A me impressiona che vengano chiamati *pogrom* quelli dei fascisti di fronte al ricordo che ho di questa parola dal punto di vista storico. Quello a cui ho assistito io è la devastazione di alcuni negozi, ho un ricordo visivo di quella del negozio dei Fishbein, praticamente di fronte all'attuale bar Rex, dove ho scorto un tale che se ne stava tutto soddisfatto di portare sulla bicicletta un manichino conquistato nel saccheggio. Subito dopo è seguita un'altra scena che mi è rimasta impressa: un vice segretario del partito, vestito in divisa fascista, sopraggiungeva sul posto quando ormai tutto era finito, accennando ad allontanare la gente dal luogo della devastazione, quando tutto era già accaduto!".

All'ormai effettivo approssimarsi della fine, alla Silvia che era corsa a trovarlo in ospedale dopo il terzo infarto successivo il babbo dichiarava ufficialmente: "Son morto". E mia sorella: "Ma no papà che non sei morto, se mi parli". "Sì sì, ma ormai poco manca". E due ore dopo se ne andava in coma.

Mia sorella veniva esortata a tornare a casa (io non vivevo a Trieste e mia madre era a sua volta molto malata). Quando la richiamarono in ospedale per disporre delle esequie e lei annunciò l'arrivo del rabbino, l'infermiera impallidì, rammaricandosi di non essere stata avvertita, perché lo aveva lavato lei, anziché lasciare questo compito a chi di dovere,[13] ma la Silvia la tranquillizzò: "Non si preoccupi, l'importante è che prima dell'arrivo del rabbino si riesca a disfare la croce delle braccia".

Giunta dopo alcune ore di viaggio a Trieste io mi attaccavo al telefono perché ci tenevo che al funerale ci fossero tutti, proprio tutti, come pensavo avrebbe voluto lui: gli amici dei bei tempi andati dello sport, i signori borghesi degli incontri mondani, i compagni di gite sul Carso, gli intellettuali di cui fino all'ultimo aveva frequentato le conferenze, pur sentendoci ormai a malapena ("Vedo tuo papà a tutte le conferenze" "Go visto tuo papà a una conferenza" "Che bravo tuo papà, el va a tutte le conferenze") e nonostante la fatica di attraversare la città a piedi e comunque scandalizzandosi che sull'autobus gli ce-

---

13. Gli ebrei devono essere lavati da un addetto della Comunità.

dessero il posto: "Vuol dire che son proprio malandato!".

Ho curiosamente trovato fra le sue carte il manoscritto *Testimonianze e considerazioni del partigiano Vito Morpurgo*, alias *Piero*, di famiglia ebraica spalatina, che militò nella brigata Stefanoni[14] sul Mottarone. Racconta *Piero* del suo ingresso nell'Ossola [...]. "Era ormai sera. Io ero alquanto stanco, avevo camminato dallo spuntar del sole, prima in territorio svizzero e poi sul suolo italiano. Avevo un pesante sacco di montagna sulle spalle. Ad un tratto sbucò di corsa dalla casa una ragazza di circa 18 anni, almeno così mi parve. Aveva una simpatica faccia pulita di piemontesina di montagna. Credo fosse una figlia del colonnello. Si affrettò direttamente verso la mia persona e mi staccò il sacco da dosso. Lasciai fare alquanto sorpreso e un po' mortificato come mi accade attualmente, allorché qualche rara volta... le ragazze, considerandomi anziano, mi offrono il posto in tram [...]".

Al funerale del babbo volevo che ci fossero le cosiddette *amiche dei musei*, che lo avevano perso per le calli di Venezia perché non riusciva più a strascicare le gambe

---

14.   Vito Morpurgo, nato a Spalato l'8 ottobre 1913 da famiglia ebraica che optò per la cittadinanza italiana nel 1920 ai sensi delle clausole del trattato di Rapallo. Sua madre milanese e dannunziana adorava lo "Stellone" e la cultura della patria. Militò con il nome di battaglia *Piero* nella formazione partigiana "Stefanoni" che operò nell'Alto Vergante nella zona dell'Ossola. Paolo Stefanoni, partigiano garibaldino, a cui era stata dedicata la brigata, era caduto il 10 luglio 1944 a Candoglia in uno scontro con i tedeschi. In realtà nella sua lettera al babbo Vito Morpurgo lo chiama Leo, ma è chiaro che si tratta di un errore, in quanto fa riferimento alla comune esperienza nella Resistenza.

dietro a loro, i *compagni* di fede politica recenti e di lunga data, i parenti vicini e lontani ebrei e non ebrei...

Per gli ebrei andava sepolto subito, anche perché il giorno dopo era sabato, e l'annuncio mortuario sarebbe stato pubblicato sul giornale "quando tutto era già accaduto".

Ma la Silvia non era d'accordo sulla mia attività di pubbliche relazioni: "E smettila di telefonare a tutta la città come se si trattasse di un ricevimento mondano! Io voglio che vengano i *miei* amici per consolare me, e tu fai venire i tuoi".

Si usa dire a Trieste: "Iera 'sai un bel funeral, iera tanta bela gente [...]". E così ci fu anche chi si offese perché non era stato avvertito.

Non molto prima che se ne andasse avevo saputo con raccapriccio, per sua stessa ammissione, che era stato iscritto al partito nazionale fascista.

"Devo ammettere – aveva confessato a Silva Bon – che ero venuto su iscritto alle organizzazioni giovanili fasciste sino al GUF e poi per età mi avevano fatto passare automaticamente nel partito". E ho trovato difatti fra le sue carte una tessera del Club Alpino Italiano, intestata "Gruppi universitari fascisti", intitolata "tessera di riconoscimento dell'universitario" [...] Paschkes del GUF di Trieste, sezione del CAI di Trieste, ecc. ecc.

Non m'impressionava tanto il fatto che fosse stato iscritto, quanto che si fosse sempre atteggiato ad antifascista puro e duro della prima ora, catalogando gli esseri umani, oltre che in stupidi o intelligenti, in laureati o non laureati, ("perché mi go due lauree!" – oltre a quella in legge si era preso la laurea in scienze politiche), soprattutto in fascisti o antifascisti, sia pure con quel cenno di tolleranza per i "fascisti non cattivi".

Ancora più perplessa rimasi quando, scartabellando fra le sue carte dopo il funerale, mi trovai fra le mani una domanda di arruolamento volontario:

"Il sottoscritto sottotenente di complemento degli Alpini in congedo assoluto Paschi (già Paschkes) dott. Arturo fu Silvio, nato a Trieste il 13/03/1914 ed ivi residente in via Commerciale 17, in occasione dello stato di guerra in cui si trova il Paese, chiede l'onore di essere richiamato in servizio [...]". Domanda che naturalmente era stata respinta: "[...]. In restituzione significando che gli appartenenti alla razza ebraica non possono presentare servizio militare né in tempo di pace né in tempo di guerra".

Tuttavia la lettera di messa in congedo assoluto si sarebbe rivelata un eccellente ausilio dopo l'8 settembre, quando girava per Milano senza ancora disporre della carta d'identità falsa, intestata ad Alberto Pasini, che avrei pure trovato fra i suoi cimeli. A Milano era andato alla ricerca di Bruno Pincherle, con cui intendeva riprendere i contatti nella scia dell'attività iniziata col sorgere del Partito d'Azione.[15]

---

15. Partito d'Azione, Pd'A (1942-1947). Partito politico dell'opposizione antifascista, di ispirazione mazziniana e democratico-risorgimentale. Costitui-

"Lei mi diceva di aver partecipato a un convegno", aveva domandato la Bon.

"La prima cosa da dire è che il 5 settembre 1943 Bruno Pincherle e l'avvocato Emanuele Flora, fratello di Francesco Flora,[16] mi portarono, non in quanto delegato come loro, ma in quanto giovane impegnato, al primo convegno durante il periodo badogliano del Partito d'Azione, che era ancora semiclandestino perché era proibita la ricostituzione dei partiti".[17]

---

to nel giugno 1942, esaurì la sua funzione nell'ottobre 1947. In esso confluirono tre filoni di pensiero: quello liberal-socialista (Capitini, Calogero), quello liberal-democratico (Parri, La Malfa), quello gobettiano-giellista (Ginzburg, Garosci, Lussu). Il programma era articolato su sei punti: obiettivi istituzionali (la repubblica e le autonomie locali); obiettivi economici (nazionalizzazione monopoli); libertà di iniziativa economica per le imprese minori; economia pubblica e privata; separazione netta fra Stato e Chiesa; Federazione europea. Dal gennaio 1943 pubblicò l'organo clandestino «L'Italia Libera». Nella Resistenza si battè con le formazioni partigiane "Giustizia e Libertà" guidate da Ferrucio Parri.

16.   Francesco Flora (1891-1962). Poeta, scrittore, critico letterario di formazione crociana. Fu direttore della Collana dei "Classici" dell'editore Mondadori. Antifascista, rifiutò l'iscrizione al Partito Nazionale fascista, la cattedra universitaria e un posto all'Accademia d'Italia. Dopo la Liberazione insegnò letteratura italiana all'Università di Bologna e fu membro dell'Accademia dei Lincei. Fra le sue opere più note la *Storia della letteratura italiana* in cinque volumi, edita da Mondadori.

17.   Scrive Miriam Coen in *Bruno Pincherle*, Edizioni Studio Tesi, Civiltà della Memoria, 1995, pag. 37: "[...]. Pincherle partecipa a Firenze, dal 5 al 7 settembre, al primo convegno nazionale clandestino del Partito d'Azione. Sono con lui, in rappresentanza di Trieste, anche Emanuele Flora e Arturo Paschi. La loro partecipazione costituisce – a quanto afferma Elio Apih – il primo contatto organico e non puramente personale di 'un gruppo democratico italiano della Venezia Giulia e il nascente movimento di liberazione italiano'. Tanto più che la situazione triestina è lungamente discussa, soprattutto con

"Conosco Arturo Paschi come vecchio antifascista amico di Bruno Pincherle, che era in collegamento con Milano da cui riceveva pubblicazioni antifasciste in particolare di «Giustizia e Libertà», che diffondeva a Trieste facendo propaganda antifascista e antinazista. Facevano parte del gruppo la medaglia d'oro Furio Lauri,[18] Chino Alzetta, Attilio Coen, Enrico Maionica, con l'intenzione di rendere evidente l'esistenza di un'attiva opposizone al regime. Unitamente agli stessi nelle ore notturne imbrattò i muri di edifici sui quali erano impressi emblemi del fascio".

La nonna doveva certamente avere insegnato al babbo che i bravi ragazzi di buona famiglia non vanno in giro per la città a imbrattare i muri, ma così leggevo in una recente testimonianza, firmata fra gli altri dal compagno di "marachella" Enrico Maionica, ripresa in un atto di notorietà dell'8 agosto 1997. Faceva parte di un fascicolo che avreb-

---

Riccardo Bauer e Ugo La Malfa, in una delle numerose riunioni ristrette in cui si articola e frammenta il convegno. Arturo Paschi ha ancora visivamente presente La Malfa seduto con Pincherle alla macchina da scrivere per stilare un documento su Trieste, incentrato sul problema dei rapporti con la minoranza slava. Di questo documento non è rimasta nessuna traccia materiale, così come non esistono verbali dello storico convegno".
18. Furio Lauri (1918-2002). Asso dell'aeronautica italiana e avvocato. La medaglia d'oro al Valor Militare gli fu concessa per le imprese compiute "*nei cieli dell'Italia Occupata*" fra l'8 settembre 1943 e il 17 aprile 1945. Dal 1940 come tenente pilota combattè nel Mediterraneo, in Grecia e Tunisia, ottenendo due medaglie d'argento e una croce di guerra. Ferito, sorpreso in convalescenza dall'armistizio, fu fra i volontari che si opposero ai tedeschi a Roma a Porta San Paolo, per poi prender parte con un gruppo di sabotatori alla Resistenza a Monte Gennaro. Fra le imprese più leggendarie il contributo decisivo dato per la salvezza della città di Genova minata dagli occupanti tedeschi.

be dovuto aiutarlo a recuperare dallo stato italiano un poi mai visto risarcimento in quanto perseguitato razziale.

La trasferta del babbo nel capoluogo lombardo aveva avuto in realtà un altro scopo, che non era tanto quello di andare alla ricerca di Bruno Pincherle: la famiglia voleva sapere se fosse vero quanto si vociferava, ossia che non era poi tanto difficile riuscire a superare la frontiera con la Svizzera.

"Mio fratello – aveva aggiunto il babbo parlando con la Bon – aveva un figlio di undici mesi e avevamo saputo da un amico milanese che era relativamente facile emigrare in Svizzera".

"Nel '43 i miei erano sfollati a Tarcento – raccontava da parte sua lo zio Leo – in settembre, quando si è incominciato a vedere l'esercito che si sfasciava e i tedeschi che arrivavano, sono andato anch'io a Tarcento e poi da Tarcento, sollecitati da amici milanesi non ebrei, abbiamo deciso di andare in Svizzera".

Ancora le parole di mio padre: "Io ebbi l'incarico dalla famiglia di andare a Milano per indagare ed ero lieto di farlo pensando di trovarci il mio amico Bruno Pincherle, che invece era già passato al Sud. Sono andato a Milano anche per allontanarmi da Trieste dov'ero conosciuto. In un primo tempo a Milano non avevo documenti falsi, non essendo noto e non avendo un nome caratteristico e, in caso di rastrellamento, in quanto giovane in età militare, facevo affidamento sulla dichiarazione di messa in congedo assoluto, che poteva dipendere anche da un vizio cardiaco o cose simili, mentre era da escludere che chi controllava i documenti conoscesse il numero della norma razziale citata sui medesimi.[19] In pratica ebbi occasione di tirarla fuori un'unica volta assieme alla carta d'identità, ma non fu degnata neppure di uno sguardo. Il passaggio in Svizzera di mio fratello è avvenuto con un certo disagio, perché attraversare il bosco con le valigie e un bimbo di undici mesi che può mettersi a schiamazzare da un momento all'altro non è cosa da poco, mentre invece mia madre e i suoceri di mio fratello passarono molto comodamente di notte, a Ponte Tresa, dov'era semplicemente stata posta una trave su un ruscello che fungeva da confine".[20]

Racconta il cugino Silvio di allora undici mesi che l'idea di andare in Svizzera doveva essere maturata già prima dell'8 settembre. Piero Guastalla, fratello della zia Paola, moglie dello zio Leo, laureato in medicina, era andato in Inghilterra a specializzarsi in ostetricia prima della guerra. Successivamente, allo scoppio del conflitto, aveva fatto uno *scambio* con un inglese medico di bordo di una qualche nave desideroso di tornare in patria per difenderla dal nemico. A forza di navigare Piero era finito in Australia,

---

19. Il Distretto Militare di Trieste il 15 giugno 1939 Anno XVII E.F aveva comunicato "per opportuna conoscenza" al sottotenente in congedo Arturo Paschi "che il B.U. 1939, dispensa 32, pagina 2742, riporta la seguente variazione che vi riguarda: "Collocato in congedo assoluto dal 1° gennaio 1939 ai sensi dell'articolo 5 del R.D.L. 22 dicembre 1938, n. 2111, DM 25 aprile 1939".
20. La località era Lavena-Ponte Tresa, uno dei passaggi classici non solo degli ebrei, ma di militari e dei civili. Il torrente Tresa era quasi sempre all'asciutto e comunque di facile superamento.

da dove non sarebbe tornato mai più. Nonostante la lontananza, aveva mantenuto i contatti con la sua fidanzata, nata a Trieste, ma cittadina svizzera che lavorava a Basilea presso "La Roche Hoffmann". Da Tarcento dunque la famiglia di Leo non era più tornata a Trieste, bensì aveva raggiunto il babbo a Milano con l'intenzione di espatriare in Svizzera. Mia cugina Vannina, che in Svizzera sarebbe nata, sostiene che in realtà suo nonno Marcello Guastalla non avrebbe potuto effettuare questo passaggio a piedi a causa di un piede equino. Assieme alla consorte Adele Wölfler, sorella di Carolina (Lina) Wölfler, moglie di Umberto Saba, sarebbe transitato in Svizzera alcuni giorni più tardi attraverso una casa che aveva un ingresso in Italia e uno in Svizzera. Dopo la guerra un mio conoscente avrà una casa di questo genere a Gorizia: metà in Italia e metà in Iugoslavia. Queste case dal doppio ingresso si sarebbero rivelate provvidenziali per più di un ebreo.

Racconta un'amica che suo padre, già fidanzato con sua madre cattolica, aveva trovato rifugio, dopo l'occupazione tedesca di Trieste, presso i futuri suoceri. Questi abitavano in una casetta con giardino nel popolare rione di San Giacomo. Forse in seguito a una spiata, un mattino all'uscio di casa si presenta la Gestapo.[21] La fidanzata, ancora in camicia da notte, li accoglie il più discinta possibile per guadagnare tempo. I nazisti rimangono abbagliati dalla sua folgorante bellezza smaccatamente ariana, capelli biondissimi e

---

21. Geheime Staatspolizei (Polizia segreta di Stato del Reich).

occhi turchese, mentre il fidanzato ebreo riesce a sgattaiolare dalla porta del giardino per andare a rifugiarsi nel confessionale della vicina chiesa, dove rimarrà nascosto l'intera giornata prima di rientrare. Sangue freddo e presenza di spirito la bella fidanzata ariana li avrebbe rivelati anche in un'altra occasione: un giorno che lui doveva partire per non si sa dove né si sa perché, ci fu una retata nei pressi della stazione ferroviaria. L'intraprendente fidanzata gli diede un calcio negli stinchi ingiungendogli di fuggire, mentre lei richiamava nuovamente l'attenzione su di sé e sulla propria avvenenza gettandosi a terra e fingendo un attacco di epilessia. Dopo la guerra si sarebbero sposati e lui le avrebbe costantemente imposto di presentarsi in pubblico sexy e conturbante, forse a memoria perenne di quel primo episodio di salvataggio. La sua presenza di spirito lei dovette dimostrarla anche in seguito, quando stava per nascere la bambina e, ormai in preda alle doglie, fu costretta a chiamare il taxi, portarsi da sé la valigia e tenere la testa del marito, capace solo di vomitare dall'emozione. Fu un matrimonio dei più felici.[22]

---

22. Episodi di cristiani che salvarono ebrei a Trieste ce ne furono parecchi, racconta Silva Bon Gherardi ne *La persecuzione antiebraica a Trieste (1938-1945)*, Del Bianco editore, Udine 1972, segnalando che non pochi triestini ricevettero medaglie d'oro e diplomi di gratitudine. Si distinsero anche rappresentanti delle autorità, come funzionari della Questura fra cui il già citato Pisciotta (pag. 15, nota 3), che avvisavano gli ebrei prima delle previste retate. (Il dott. Feliciano Ricciardelli, capo dell'ufficio politico, morì a Dachau). Oppure ancora impiegati dell'Ufficio Anagrafe, che riuscivano a procurar loro documenti falsi o, quantomeno, documenti su cui non figurasse la

"Io personalmente – continua mio padre nel suo racconto alla Bon sulla trasferta a Milano – non avendo trovato Bruno Pincherle, mi misi in contatto con il dottor Chiabov,[23] vecchio antifascista e amico personale suo e mio, successivamente arrestato e medico a San Vittore il quale, di

---

dicitura "ebreo". Ciò detto, i tedeschi infierirono ferocemente anche contro gli ebrei "discriminati", i "mezzi ebrei", gli "arianizzati". Come scrive Marina Cattaruzza ne *L'Italia e il confine orientale*, ed. Il Mulino 2007, la persecuzione degli ebrei sul litorale adriatico fu particolarmente aspra e cruenta rispetto al resto dell'Italia. Da Trieste partirono 22 dei 43 vagoni con destinazione Auschwitz dall'Italia. Su 703 ebrei triestini deportati ad Auschwitz, ne fecero ritorno 19. Complessivamente dal litorale furono deportati 1422 ebrei, dei quali sopravvissero 83. La deportazione della componente ebraica privò i centri del litorale, Trieste, Fiume, Gorizia, Pola di una parte importante della loro borghesia intellettuale, anche se naturalmente furono soprattutto i più poveri a fare le spese della persecuzione, a Trieste in particolare i corfioti (ebrei originari dell'isola greca di Corfù), come indica ancora Silva Bon, la quale riferisce che la popolazione ebraica triestina, al momento dell'occupazione tedesca, contava 2300 membri, circa la metà di quelli iscritti prima delle leggi razziali del 1938, che erano 5500. L'"interregno badogliano" dal 25 luglio all'8 settembre aveva contribuito a rafforzare l'illusione che in Italia la persecuzione nazista non avrebbe raggiunto gli eccessi verificatisi in Germania. Ma appunto, a Trieste come altrove, sarebbero riuscite a salvarsi soprattutto le persone meglio informate e con maggiori mezzi economici. I poveri non disponevano né delle risorse né delle conoscenze necessarie per procurarsi documenti falsi o poter pagare le guide per fuggire in Svizzera. Una parte della popolazione ebraica aderì al movimento partigiano e alla Resistenza. Fra i molti ebrei triestini che vi parteciparono, tre medaglie d'oro: la citata Rita Rosani, unica donna ebrea partigiana cui fosse assegnato un simile riconoscimento; Eugenio Curiel, uno dei maggiori protagonisti della cospirazione attiva antifascista fin dal 1935, cui si deve la creazione del "Fronte della Gioventù", e Sergio Forti.
23.   Amos Chiabov, nato a Trieste il 2 novembre 1904, morto a Trieste il 18 giugno 1951. Studente alla facoltà di medicina di Firenze, aderì all'"Unione Goliardica per la Libertà" e alla "Giovane Italia". Nell'aprile del 1928 fu

fronte alle mie dichiarazioni 'Anch'io voglio andare nel Sud a combattere con gli Alleati!' mi disse: 'Caro mio, se tu vuoi lavorare ti diamo noi da fare a Milano, perché qui non sei schedato, e non sei conosciuto'. Così ebbi l'onore di essere mandato addirittura da Ferruccio Parri".[24]

---

arrestato e condannato dal Tribunale speciale a tre anni di confino politico a Ponza, dal 1928 al 1931, così come altri antifascisti triestini (vedi nota 7) in seguito all'attentato di Milano del 12 aprile. Successivamente aderì al movimento clandestino "Giustizia e Libertà" e fu assistente generale ("Andrea") del Comando Generale del Corpo Volontari della Libertà (Cvl), nonché dirigente dei servizi sanitari del Comitato di Liberazione Nazionale Alta Italia. All'indomani della Resistenza ricoprì importanti incarichi anche nel governo Parri. Fu nominato reggente dell'Ufficio speciale per l'assistenza ai reduci dall'estero dell'Alta Italia sotto l'Amministrazione degli Alleati. Fu un esponente di riguardo della cultura psicanalitica nella Trieste del dopoguerra. Sposò Virginia Scalarini, combattente antifascista, figlia di Giuseppe, il celebre disegnatore satirico socialista, da cui ebbe le figlie Anna, Bianca e Dora. È sepolto nel cimitero di Trieste con sua sorella 'Marucci'. Umberto Saba, che gli aveva dedicato la lirica *Morte di un pettirosso*, dettò l'epigrafe: "Amos Chiabov, psichiatra, sempre nella vita come nell'esercizio della sua professione incerta e ancora difficile seguì senza esitare la linea più generosa".
24.   Ferruccio Parri (1890-1981). Politico. Valoroso ufficiale nella 1ª Guerra Mondiale, organizzò i reduci democratici e nel 1924 fondò la rivista «Il Caffè» soppressa successivamente dal regime fascista. Con Carlo Rosselli organizzò la fuga del leader socialista Filippo Turati dal confino di Lipari verso la Corsica. Fu a sua volta confinato politico. Militante di "Giustizia e Libertà", dirigente dell'Ufficio Studi della Società Edison di Milano, contribuì nel 1943 a fondare il Partito d'Azione. Capo militare della Resistenza, con il comunista Luigi Longo divenne vice comandante del Corpo Volontari della Libertà (Cvl) con il nome di battaglia di "Maurizio", organismo presieduto dal generale Raffaele Cadorna. Catturato dai tedeschi fu condotto in Svizzera e liberato, prima dell'insurrezione, dal generale delle SS Karl Wolff nell'ambito delle trattative "Operazione Sunrise" per la resa. Presidente del Consiglio nel primo governo democratico dal maggio al dicembre 1945, deputato alla Costituente, senatore a vita dal 1963.

Scrive il babbo in *Lettera ai compagni*:[25]

"Del mio incontro posso dire anzitutto che ho un ricordo visivo completo al punto che – se fossi uomo di lettere – ne avrei certamente già scritto. Era qualche giorno dopo l'8 settembre 1943 e Parri non era ancora entrato nella clandestinità: ci si recava da lui in un ufficio semi-interrato della Edison. È lì che ho cercato di lui, credo col suo vero nome. La mia visita era stata annunciata e mi presentavo legittimandomi con un biglietto scritto su una cartina da sigarette, come si usava allora per poterlo eliminare più facilmente, da Amos Chiabov, triestino d'origine, mio maestro assieme a Bruno Pincherle di antifascismo. Lo vedo come, in piedi, dopo avermi dato un'occhiata sospettosa, decifrava le poche parole di presentazione con aria malinconica e forse diffidente, quasi più da burocrate coscienzioso che da temerario combattente. Devo dire che nel mio ricordo egli appare già vecchio, come l'ho visto negli ultimi incontri del dopoguerra, quando però appariva cordiale e sorridente. L'incontro fu brevissimo, solo il tempo necessario per indirizzarmi all'ing. Bacciagaluppi,[26]

---

25.   Anno XIII, n. 7-8, luglio-agosto 1981, titolo dell'articolo: *Coraggio e realismo: due virtù di 'Maurizio'*.
26.   Giuseppe Bacciagaluppi, "Joe", "Anfossi", "ingegner Rossi" (1905-1998). Aderente al Partito d'Azione. Ingegnere e dirigente della Società Face Standard di Milano. Dal settembre 1943, su incarico di Ferruccio Parri, contattato attraverso l'amico Ermanno Bartellini (morto a Dachau, vedi anche note 7 e 57), diresse il Servizio d'Assistenza del Clnai ai prigionieri alleati che, dopo l'armistizio, erano fuggiti dai campi d'internamento fascisti e si erano diretti verso il confine italo-svizzero nel tentativo di superarlo. Il Servizio era

amico di Ermanno Bartellini scomparso poi in Germania, nel cui gruppo di assistenza ai prigionieri alleati fuggiti allora dai campi fui in un certo modo *arruolato*, quale non milanese sconosciuto ai compagni. Ma per me fu un incontro importante, il primo atto di vita clandestina, ed è stato un puro caso che si sia trattato dell'incontro con colui che fu da allora il Capo della Resistenza".

Continua il babbo nel suo racconto:

"Presi quindi contatto con questo ingegner Bacciagaluppi, sposato con un'inglese[27] di cui parlava anche la lingua, proprietario di una villa a Caldè, sul Lago Maggiore, dalla quale aveva incominciato di sua iniziativa ad assistere i prigionieri di guerra alleati che si avviavano verso la Svizzera. L'ingegner Giuseppe Bacciagaluppi era dirigente di una società che si occupava di telefoni, la Face, e poteva fare assegnamento su un gruppo di operai antifascisti, già messi alla prova in occasione degli scioperi politici

---

presente in varie località della Lombardia e aveva diramazioni a Torino, Genova, Padova e Piacenza. Il servizio funzionò dall'ottobre 1943 al marzo 1944. Oltre alla sede principale di Caldè, operò anche un Centro a Cittiglio, nei pressi di Laveno. Arrestato dai tedeschi a Milano il 3 aprile 1944, incarcerato a San Vittore, riuscì ad evadere e a raggiungere la Confederazione Elvetica. Per ordine del Clnai assunse l'incarico di Delegato Militare dell'organizzazione sviluppando da Lugano i rapporti con le centrali alleate ai fini di ottenere finanziamenti e lanci di armi e vettovagliamento per le formazioni partigiane. Nel dopoguerra fu direttore dell'Autodromo di Monza.
27.   Audrey Partridge Smith (1898-1975). Dal 1930 moglie dell'ingegner Giuseppe Bacciagaluppi. Nell'autunno 1943 la sua villa di Caldè sulla sponda lombarda del lago Maggiore divenne base dell'organizzazione del Clnai per l'aiuto ai militari alleati prigionieri dei "campi di Mussolini".

del marzo 1943, che erano in grado di spostarsi facilmente col pretesto del lavoro, disponendo tra l'altro di documenti di viaggio tedeschi. Io divenni il suo aiutante[28] ed ebbi l'incarico di fungere da recapito due ore al giorno al Bar Arengario di Milano. Venivano a cercarmi cittadini vicini alla Resistenza per segnalare ex prigionieri in pericolo, e gli operai della Face o altri volonterosi s'incaricavano di prelevare i prigionieri segnalati per accompagnarli e aiutarli a passare clandestinamente il confine. Io avevo anche il compito d'informarli di quello che in quel momento risultava essere il passaggio meno pericoloso. I passaggi avvenivano in vari modi: in barca attraverso il lago, in alta montagna o a un valico meno controllato, facendo talora ricorso a passatori professionisti.[29] Molti di questi prigionieri avevano bisogno di essere rivestiti perché portavano, tra l'altro, ancora tracce della vecchia divisa e quindi procuravamo loro cappotti e copricapi, nonché calza-

---

28.   Cfr. Giuseppe Bacciagaluppi, *Rapporto sull'attività in favore di ex prigionieri alleati, Milano, 1° febbraio 1946* in Il Movimento di Liberazione in Italia, n. 33, novembre 1954, Istituto Nazionale per la Storia del Movimento di Liberazione, Milano. Al punto "2.2. Personale, B", fra i nominativi degli "Agenti addetti all'organizzazione centrale ed al collegamento" è indicato "Paschi Arturo (alias *Paoli*) di Trieste, dottore in legge, assistente Capo servizio ed incaricato dell'organizzazione dei transiti e del collegamento, dall'ottobre al 19 dicembre 1943, data del suo arresto e ferimento; sottratto successivamente dall'ospedale ed espatriato a cura del Servizio; ha riportato un'invalidità permanente".
29.   Lago Maggiore; Val Vigezzo; Monte Limidario nel Novarese; Monte Lema (Luino); Voldomino; Marchirolo-Cremenaga, Lavena Ponte Tresa; Val Ceresio; Cantello; Rodero nel Varesotto; il Comasco nella zona più settentrionale.

ture pesanti, che al termine del viaggio verso la frontiera ci venivano resi per fare economia. Ci tenevamo molto al recupero di queste attrezzature così come, fatto accertato nel dopoguerra, gli Alleati ci tennero particolarmente a questo recupero dei loro militari. Il servizio reso in tal senso fu dunque molto apprezzato sotto il profilo politico e giovò non poco all'Italia alla fine del conflitto"..

Ha scritto Winston Churchill nella sua *Storia della Seconda Guerra Mondiale*:

"Non fu certo fra le minori imprese della Resistenza italiana l'aiuto dato ai nostri prigionieri di guerra che l'armistizio aveva colto nei campi di concentramento dell'Italia settentrionale. Di questi 80.000 uomini, con indosso uniformi palesemente riconoscibili e in complesso ignari della lingua e della geografia italiana, almeno 10.000, in gran parte soccorsi con abiti civili dalle popolazioni locali, furono condotti in salvo grazie ai rischi corsi da membri della Resistenza italiana e dalla semplice gente di campagna".[30]

"Lei è stato ferito?" aveva domandato ancora Silva Bon nell'intervista a mio padre. Era stata proprio quella ferita a salvarlo.

"Perché mi son monorene!". "Per un monorene come mi!" era una delle sue uscite predilette, in cui faceva rife-

---

30. Al termine della guerra per la sua attività a favore dei prigionieri alleati, Arturo Paschi ottenne un certificato di benemerenza firmato dal maresciallo H.R. Alexander, comandante supremo delle Forze Alleate del Mediterraneo.

rimento alla propria solidità fisica nonostante il fatto che, giustappunto, fosse rimasto senza un rene a causa della *famosa* ferita del 10 dicembre 1943.

"Esattamente dieci anni dopo il giorno in cui avrei dovuto morire, ho invece dato di nuovo la vita", gli piaceva ricordare.

Per lui, benché avverso a credenze di ogni genere, era un chiaro segno del destino. Quel *di nuovo* rappresentava la terza volta in cui diventava padre, anche se la prima tendeva a dimenticarsela, pur avendo riconosciuto il frutto del suo peccato prematrimoniale: ufficialmente la primogenita ero io, nata sottopeso, pelosa, con i brandelli di pelle che pendevano dal misero scheletrino, simile a una profuga coreana come mi descriveva cinicamente mia madre, perché quella in Corea era la guerra in auge allora, e quel bebè paffuto e roseo per me simile a un porcellino che era venuto al mondo il 10 dicembre 1953 era la secondogenita Silvia.

"Io non facevo l'accompagnatore – aveva risposto il babbo ricordando l'esperienza con Bacciagaluppi – ma un mattino fui informato del fatto che, a causa di una spiata, si trovava in pericolo una mezza dozzina di prigionieri che attendeva nel recinto di una fabbrica della periferia: dovetti precipitarmi sul posto, istruire i prigionieri nel mio inglese approssimativo e consegnare a ciascuno di loro i quattrini necessari per il biglietto del tram. Con tutte le debite precauzioni mi seguirono fino alla fermata, salirono tranquilli sul tram e, al segnale convenuto, scesero assieme a me dall'altra parte della città, dove mi vennero dietro sino a un fidato nascondiglio nel retrobottega di una latteria. Quella volta ci andò bene, ma la mia attività non durò a lungo: un tale, che arrestato come antifascista era stato rilasciato come delatore, denunciò il nostro recapito, lo stesso giorno di altre denunce, per non destare allarme. Il 10 dicembre, quindi circa tre mesi dopo l'inizio della mia attività, al mio ingresso nel bar la cassiera m'indicò due signori che mi attendevano. Si presentarono come agenti dell'Ufficio Politico Investigativo[31] e mi presero sottobraccio portandomi verso la Questura nonostante le mie proteste".[32]

Il babbo ci ha sempre tenuto a sottolineare che, proprio a causa di questo precoce arresto, la sua attività l'aveva svolta per un periodo decisamente breve.

"Devo fare una premessa – dichiarava in un intervento fatto in sostituzione di Bacciagaluppi, che non aveva potuto essere presente, in un Convegno tenutosi a Bologna nell'aprile 1987 – sono lusingato dell'incarico avuto di occuparmene pubblicamente ad onta del fatto che la mia militanza sia stata breve, in quanto fui presto eliminato, perché questo mi permette di rendere omaggio ai compagni

---

31. L'Upi era alle dipendenze del Comando Provinciale della Guardia Nazionale Repubblicana (Gnr).
32. Cfr. *Rapporto sull'attività...*, doc. cit., pag. 6. L'ingegner Giuseppe Bacciagaluppi aveva scritto sul punto: "Verso la metà di dicembre 1943, in seguito all'arresto in Milano di uno degli agenti incaricati di questo compito (Paschi Arturo) e in considerazione della disorganizzazione che ne risultò [...]".

45

meno fortunati di me che mi hanno sostituito accanto a Bacciagaluppi, riesumando quegli anni 1943-1945 che, dopo più di quarant'anni, considero, come ha scritto Giorgio Bocca, *la migliore stagione della nostra vita*".

"Mi ricordo il pittoresco dialogo: – aveva proseguito il babbo nel suo racconto alla Bon – 'mettono le bombe sotto i ponti e poi fanno gli agnellini!....' A un certo punto, vista la mia inquietudine, dovuta tra le altre cose ai documenti in codice che nascondevo in tasca, fermarono un tassì di passaggio e, fatto scendere lo spaventatissimo passeggero, mi fecero salire. Io, preso da giovanile slancio sportivo e cinematografico, scappai scendendo dall'altra porta e mi misi a correre in mezzo alla folla, con l'ingenuità di chi pensa che nella folla ci si possa confondere, mentre questa tende invece a lasciare un varco per far passare fuggitivo e inseguitori. Dopo un primo colpo tirato in aria mi ero istintivamente voltato indietro e qui i miei inseguitori mi spararono addosso colpendomi al ventre. Caddi a terra dolorante: mi raccolsero e mi condussero in tassì a San Vittore. I corridoi erano affollati e tutti si accalcavano per vedere il ferito. Mi portarono all'infermeria additandomi a un infermiere, detenuto comune, che mi sussurrava mentre scalciavo dai dolori: 'Stai tranquillo, stai tranquillo![...]. Hanno chiesto il trasporto all'ospedale perché sei grave, adesso ti portano all'ospedale e all'ospedale c'è sempre una finestra aperta [...]. Stai tranquillo!'. Devo dire che, come risulterà dal seguito del mio racconto, aveva ragione. Mi portarono all'ospedale di Niguarda, dove mi operarono d'urgenza: laparatomia con numerose suture all'intestino, ma ritenuta della pallottola, perché troppo internata. Ero considerato molto grave e, per quanto in stato d'arresto, non in condizioni di essere interrogato, a dire il vero con una certa connivenza da parte dei medici. Dopo qualche giorno venne a trovarmi l'amico Chiabov, il quale mi comunicò che intendevano portarmi via quanto prima per curarmi clandestinamente, cosa che a me pareva troppo rischiosa per loro, dato il mio stato".

Qui non posso fare a meno di continuare il racconto delle peripezie del babbo – *le mie vicende* le chiamava lui – citando lo stralcio di una lunghissima lettera che Audrey, la moglie dell'ingegner Bacciagaluppi, aveva scritto il 6 febbraio 1946 a un amico, certo Harry, per raccontargli tutte le traversie degli ultimi anni della guerra.

"Nel gruppo di mio marito c'era un ebreo che era un tipo formidabile. (Non dico nulla degli ebrei in generale, ma nel complesso non è che suscitassero grande ammirazione).[33] Stava facendo un eccellente lavoro quando, un giorno, fu arrestato da tre di quegli innominabili pezzenti scalzacani e schiaffato in un taxi. Scattò prontamente fuori dall'altra porta iniziando a correre; aveva a malapena percorso qualche metro sotto una pioggia di proiettili quando uno lo colpì, perforandogli sei volte l'intestino – chiedo scusa per

---

33. Censurabile questa inaspettata e gratuita affermazione antisemita. D'altronde nel suo *J'avais 16 ans à Auschwitz*, Henri Sonnenbluck racconta che i prigionieri di guerra inglesi trattavano con il massimo sussiego i detenuti "deportati", con tono di superiorità e atteggiamento da "lord" [...].

il dettaglio –. Lo portarono all'ospedale morente. Quando venimmo a saperlo, ci rendemmo conto che la frittata era fatta: in tasca aveva un elenco in codice di tutti i nomi e gli indirizzi dei nostri collaboratori ed era solo una questione di tempo perché i 'f'[34] li decodificassero. Eravamo terribilmente preoccupati per il nostro povero amico: se moriva finiva lì, ma se si fosse ripreso, quali possibilità avrebbe avuto di cavarsela, ebreo com'era e per giunta ribelle? Tremavamo per lui e tremavamo per noi, finché il terzo giorno un medico, brava persona, ci fece sapere dall'ospedale che non era escluso che l'uomo si riprendesse. Nino[35] si vide costretto a trovare una soluzione immediata: non poteva permettere che il suo amico si riprendesse per venir fucilato e decise di sottrarlo alle grinfie dell'avversario. Ci vorrebbero decine di lettere per narrarti dei giorni che seguirono. Ogni uomo e donna disponibile fu invitato all'azione e la scintilla si sparse in un vero baleno! Dapprima si offrirono cortesemente di darci una mano i pompieri, con tanto di spengifiamme, barelle e tutto il necessario, ma fu un fiasco. Il secondo tentativo fu eseguito con un'ambulanza rubata per l'occasione alla Croce Rossa con tanto d'infermieri in uniforme e medici a disposizione. Il piano era perfetto e sarebbe riuscito, se non fosse stato per una difficoltà insormontabile: non c'era proprio modo di trovare qualcuno disposto a ospitare un ferito in condi-

---

34. I fascisti.
35. Giuseppe Bacciagaluppi.

zioni disperate. Il terzo giorno la situazione si fece seria, perché i 'f' dichiararono che, visto che l'uomo non era ancora spirato, sarebbe stato piantonato all'ospedale. Era questione di vita o di morte, ora o mai più. Fu tosto scartata l'idea di un finto funerale, anche se era già stato organizzato tutto, dal carro funebre all'assistenza di alcuni monaci misericordiosi del cimitero, disposti a nascondere la *salma* fino a quando la si potesse far resuscitare senza rischi. Alla fine, la sera del 10 dicembre, cinque giorni dopo la sparatoria,[36] un furgone per il trasporto di mobili si avvicinò discretamente all'ospedale e, mentre medici e infermieri tenevano chiusi entrambi gli occhi, che siano loro benedetti, il nostro amico veniva portato via su una barella e trasferito all'altro capo della città, in una stanza lugubre, dove rimase nascosto per due mesi, con un'infermiera a sua costante disposizione. Stava davvero molto, molto male, tanto che a un certo punto andammo tutti in giro alla ricerca di un giardino dove seppellirlo di nascosto [...]".

"...Mi condussero in una camera privata – aveva raccontato il babbo – e qui mi lasciarono da solo: erano pronte due iniezioni di *Pantopon*, che avrei dovuto iniettarmi io stesso per attutire i dolori e poter passare la notte".[37]

---

36. Le date evidentemente non collimano. Il *ferimento* infatti avvenne il 10 dicembre 1943. Giuseppe Bacciagaluppi nel suo *Rapporto*, doc. cit., indica al contrario il 19 dicembre.
37. Il babbo si è sempre vantato di saper fare le iniezioni, e difatti negli ultimi anni di vita se le faceva da solo e, se necessario, le faceva anche alla mamma, perché per un certo periodo era stato costretto ad iniettarsi lui stes-

Dall'indomani ebbi l'assistenza di un'infermiera e ricevetti le visite di Chiabov, ma sopraggiunse una complicazione con l'aggravamento del mio stato a causa dell'uscita della pallottola attraverso un ascesso spontaneo. Fu necessàrio aspettare almeno un mese prima di trasferirmi, sempre clandestinamente, nella clinica privata 'Villa Fiorita' di Brugherio, di cui era vicedirettore Chiabov. Io figuravo convalescente dopo un'operazione e fui ospitato in quanto amico suo, perché si trattava di una clinica neurologica – ma c'erano nascosti anche altri antifascisti ed ebrei –. Due mesi dopo il mio arresto la situazione si fece rischiosa, perché i tedeschi avevano incolpato l'ospedale della mia fuga ed ero ricercato. È interessante notare che l'Ordine dei medici aveva dichiarato di non assumersi responsabilità per la guardia dei pazienti in stato d'arresto. Quando ero stato portato via da Niguarda c'era ancora solo il maresciallo di servizio in portone, come in tempi normali, ed eravamo riusciti a sfuggire alla sua vigilanza. Se gli eventi si fossero verificati più tardi, sarei stato guardato a vista dalle Brigate Nere".

"Quando a malapena si reggeva in piedi – dice la lettera della signora Bacciagaluppi – fu *contrabbandato* in Svizzera".

È il caso di dirlo perché, racconta il babbo:

"Fu deciso, contro il parere medico, di farmi passare clandestinamente in Svizzera. Siccome ero molto debole, dovevo faticare il meno possibile e mi fu messa a disposizione una macchina, ma alla fine dovetti proseguire a piedi. Con l'aiuto di un contrabbandiere 'professionista' e la connivenza di due guardie di frontiera, passai il confine".

"Come la lasciarono passare, queste guardie di frontiera?", aveva chiesto Silva Bon.

"Non è che lasciassero sempre passare, ma queste erano conniventi, se vuole i particolari, eccoli. Mentre seguivo il contrabbandiere dall'altro lato della strada, vidi davanti a noi due guardie di frontiera in bicicletta; a un certo punto lasciarono la strada, avvicinandosi a un boschetto, e sentii che dicevano al contrabbandiere: 'Taglia! Taglia!', perché occorreva tagliare la rete metallica[38] per farmi passare, e anzi fui ammonito a strisciare bene per terra perché la rete, nei punti più rischiosi per i contrabbandieri, aveva addirittura dei campanelli, ma per fortuna soffiava vento, per cui quel giorno i campanelli suonavano comunque. Per quanto riguarda il mio passaggio, questo era stato annunciato agli Svizzeri, il cui Servizio Informativo era in contatto con la Resistenza, che gli trasmetteva notizie sui movimenti militari dei tedeschi, si temeva infatti un'invasione del Ticino.[39] Chi non l'ha provata, non può

---

so, tra l'altro, la morfina. Diceva di aver capito come si potesse diventare morfinomane, lui tuttavia non lo è mai diventato. Ma di questo non ha mai parlato ufficialmente.
38.   Detta in gergo "la ramina".
39.   Il Servizio Informazioni dei confini meridionali della Confederazione Elvetica era diretto dal capitano dell'esercito Guido Bustelli (1905-1992), ticinese, prezioso collaboratore della Resistenza italiana. Il 6 febbraio 1946 ebbe la medaglia d'oro del Clnai; più tardi fu insignito della "Commenda al merito della Repubblica italiana" dal Capo dello Stato Sandro Pertini. Il rischio

immaginare la sensazione di scorgere all'improvviso il paesaggio illuminato della Svizzera, dopo essere passato sotto la rete di confine, venendo dalle zone di oscuramento.[40] Una volta uscito dal bosco, seguendo le istruzioni ricevute, mi avviai lungo una strada maestra. La prima casa che incontrai era abitata da una famiglia di contadini, che dichiararono di non potermi accogliere, dandomi tuttavia l'opportunità di prendere un cardiotonico e di scrivere a un'amica svizzera che poteva aiutarmi.

di un'invasione delle truppe tedesche nella Confederazione era reale soprattutto dall'énclave di Campione d'Italia che fu sino al 28 gennaio 1944 sotto la giurisdizione della Repubblica Sociale italiana. In realtà non si verificò mai anche perchè Campione d'Italia la notte del 28 gennaio 1944 fu "liberata" dagli Alleati passando sotto il controllo militare e politico del Governo del Sud. Interessante a questo proposito la avventurosa storia di Guglielmo Mozzoni, giovane tenente del Genio militare italiano, che internato nel campo per ufficiali di Mürren nell'Oberland Bernese, consegnò alle autorità svizzere, in cambio della libertà, 42 pannelli da lui disegnati per lo Stato Maggiore, che ritraevano la linea di frontiera dal Novarese al Comasco, in cui erano descritte tutte le postazioni militari italiane che le truppe del Reich avrebbero potuto violare in caso di uno sconfinamento. Cfr. Guglielmo Mozzoni *La vera storia del tenente Mozzoni. Scritta e disegnata da lui*, Arterigere, Varese 2011.
40.   Cfr. lettera, ricca di affettuose attestazioni di stima dell'autista della Royal Army Service Corps Victor Bautler del 10 gennaio 1946 all'ingegner Giuseppe Bacciagaluppi. Il militare inglese era stato accompagnato dal Servizio del Clnai nella Confederazione Elvetica il 17 ottobre 1943. Fra l'altro aveva scritto: "[…] Oltre la frontiera ho ritrovato una vita che credevo fosse finita nel 1939. […] Sì, i miei ultimi ricordi del vostro Paese, l'Italia, sono quelli di una nera notte di vento e di pioggia che cadeva sul fianco della montagna scendendo a cascate nella valle […]. Voltandomi a darci un'ultima occhiata prima di passare sotto la rete di confine verso la Svizzera pensai: dopotutto gli uomini non sono uniti da razza, luogo d'origine, lingua o religione, ma dal loro stesso istinto umano. Odiavo l'Italia quando sono sbarcato in Calabria, ma a Milano ho incontrato dei veri Italiani e sono fiero di averli conosciuti…".

Lasciata la casa ripresi la strada maestra verso il primo posto di polizia, dove dovevo presentarmi, quando scorsi un mastodontico sottoufficiale svizzero, un pezzo d'uomo simile a un nostro alpino per la mantellina e il cappello che indossava, il quale mi chiese da dove venissi. Risposi che ero convalescente per una ferita e che venivo dal confine per chiedere rifugio. Disse che restava da vedere se potevano accettarmi e si meravigliò che non avessi incontrato la pattuglia. Alla mia risposta negativa soggiunse che, dato il vento, si erano probabilmente rintanati da qualche parte e mi accompagnò al vicino posto di polizia, dove passai la notte dopo una succulenta cena a base di pasta sorprendentemente bianca e formaggio Emmenthal.[41] Fui poi mandato in un campo di raccolta da dove mi spedirono a Lugano all'Ospedale Italiano. Qui ebbi l'onore d'incontrare la signora Spinelli[42] e Adriano Olivetti.[43]

Al mio arrivo era venuto a trovarmi Dino Luzzatto,[44] un rappresentante dei profughi politici e, poiché gli ami-

---

41. Analogo il ricordo di Vito Morpurgo, "Piero" partigiano della brigata "Stefanoni", doc. cit., "In quella casa ospitale mi attendeva una cena, un infuso d'erbe ad alta gradazione alcolica ed un letto".
42. Ursula Hirschmann Spinelli (1913-1991). Laureata in lettere a Venezia. Moglie di Eugenio Colorni ucciso dai fascisti nel 1944, poi di Altiero Spinelli, autore con Ernesto Rossi, del *Manifesto di Ventotene*. Attiva nel Movimento Federalista Europeo e in "Femmes pour l'Europe".
43. Adriano Olivetti (1901-1960). Industriale ed intellettuale. Presidente dell'Olivetti di Ivrea dal 1938 fondò nel 1946 le Edizioni di Comunità, nel 1952 la Scuola di direzione aziendale Ispsoa, nel 1955 il periodico «L'Espresso». Deputato nel 1958.
44. Esponente del Partito d'Azione.

ci di Milano avevano insistito perché li tranquillizzassi sul mio avventuroso passaggio del confine, essendo egli in contatto con gli Alleati fece trasmettere per tre giorni da «Radio Londra»[45] il messaggio: *Il segretario di Nino è arrivato bene*".[46]

Quest'annuncio del suo arrivo in Svizzera da parte di «Radio Londra» è una delle cose che più inorgoglivano mio padre, il cui unico vero vanto era quello di aver fatto la Resistenza senza mai impugnare un'arma, anche se il suo *Certificato al patriota* del maresciallo Alexander afferma:

"A nome dei governi e dei popoli delle Nazioni Unite, ringraziamo Paschi Arturo per avere combattuto il nemico sui campi di battaglia, militando nei ranghi dei patrioti tra quegli uomini che hanno portato le armi per il trionfo della libertà, svolgendo operazioni offensive, compiendo atti di sabotaggio, fornendo informazioni militari. Con il

---

45.   Fondata nel 1938 dall'emittente ufficiale del Regno Unito la "Bbc", «Radio Londra» diventò ben presto l'unico mezzo disponibile per gli italiani democratici e antifascisti per far sentire la loro voce senza subire censure né pressioni ideologiche. Memorabili i messaggi in codice inviati come "Le montagne sono bianche", "La gallina ha cantato", "La neve è fredda", ecc. che anticipavano lanci di uomini e di armi alle bande partigiane o informazioni sui movimenti militari degli occupanti. All'emittente collaborarono uomini e donne di idee politiche anche diverse ma legati dal comune denominatore della fiducia nella libertà e nel rifiuto della dittatura. Fra i nomi più famosi quello del "colonnello Stevens" noto anche come "Colonnello Buonasera" per il tradizionale saluto con cui apriva e chiudeva le sue trasmissioni. Ascoltare «Radio Londra» era reato: chi fosse stato sorpreso veniva arrestato. La più famosa frase in codice fu "Il sole sorge ancora" che annunciava la fine della guerra.

46.   Cfr. Renata Broggini, *La frontiera della speranza - Gli ebrei dall'Italia verso la Svizzera 1943-45*, Mondadori, Milano 1998, pag. 69.

loro coraggio e la loro dedizione i patrioti italiani hanno contribuito validamente alla liberazione dell'Italia e alla grande causa di tutti gli uomini liberi. Nell'Italia rinata i possessori di questo attestato saranno acclamati come patrioti che hanno combattuto per l'onore e la libertà".

Il babbo ci teneva molto all'idea che si potesse lottare senza uccidere, come si deduce da questo suo poetico ricordo dell'amico Fulvio Ziliotto:

"Conoscevo Fulvio da quando era un bambino, ma avevo parecchi anni più di lui e da un po' di tempo lo avevo perso di vista. Lo rividi nei primi mesi del '43 in casa di un amico: era venuto per pochi giorni a Trieste da Milano dove frequentava la facoltà di medicina. Aveva portato con sé certi manifestini del Partito d'Azione stampati da un gruppo di studenti e raccontava del loro entusiasmo, di tutto quello che essi ed altri facevano a Milano, di tutti gli ingegnosi sistemi che si usavano per far propaganda, delle scritte e controscritte che apparivano alla Città degli Studi, delle speranze che si avevano. Di tutto egli parlava, meno che dei pericoli che correva e dalla sua baldanza, dalla sua spavalda sicurezza non poteva non venire un ammonimento perché si faceva poco, un incitamento a fare di più. Credo di non averlo più rivisto fino a dopo il 25 luglio: era stato appena liberato dal carcere dove si trovava da alcuni mesi per essere stato tradito, era raggiante di gioia, pieno di vitalità e di desiderio di azione. Nel periodo badogliano[47]

---

47. I 45 giorni che vanno dal 25 luglio all'8 settembre 1943.

fummo molto assieme: ricordo il suo sdegno per il fermo di alcuni amici in seguito alle dimostrazioni di quei giorni, per la resistenza che si incontrava nel governo di allora e in certi ambienti locali e le difficoltà che si opponevano all'avvento di quell'*Italia libera* che si era sognata. Ricordo come egli si appassionasse in particolare a quell'azione che i cinque partiti svolgevano per indurre le autorità a rilasciare i detenuti politici slavi come aveva già fatto per gli Italiani.

Nel settembre[48] egli si trovava a Milano per preparare la laurea. Quando in quell'epoca mi recai a Milano e decisi poi di fermarmi lì, mi offrì subito con grande insistenza di andare ad abitare con lui. Era proprio quello che ci voleva per me; aveva una padrona di casa che non lo aveva denunciato neppure alla portinaia e che certamente avrebbe accettato anche me alle stesse condizioni, così egli avrebbe seguito l'attività clandestina anche se, avendo dovuto riprendere seriamente gli studi che negli ultimi tempi aveva un po' trascurato, era costretto a starsene in disparte.

Andai quindi ad abitare con Fulvio: per la padrona e per chi mi cercava al telefono ero l'*avvocato*, l'amico del *dottore*, che era lui. Fulvio non si preoccupava minimamente del fatto che l'ospitalità che mi dava era un grande rischio per lui, rischio che doveva poi costargli due mesi a San Vittore. Infatti quando, qualche tempo dopo il mio arresto e la mia fuga, gli agenti finirono col trovare il mio

---

48.   1943.

indirizzo, la padrona li mise sulle tracce di Fulvio che fu arrestato. Se la cavò con due mesi perché nulla di concreto risultò a suo carico e fu rilasciato. Ma oramai egli non se la sentiva più di rinunciare all'azione: andò in Ossola[49] medico dei partigiani, e pochi giorni dopo vi trovò la morte per voler portare il suo aiuto a un ferito che si trovava in una posizione particolarmente esposta, ad onta del fatto che i compagni avessero tentato di dissuaderlo. Così Fulvio morì come era vissuto perdendo la vita in un ultimo gesto di generosità: morì non per aver voluto uccidere, sia pure il nemico, ma per salvare un compagno, non per odio ma per amore".

Riferisce il babbo che dopo la convalescenza aveva ripreso a contribuire alle attività di contatto con gli Alleati attraverso dei corrieri regolari. A Lugano scriveva nel febbraio 1944 un rapporto sull'attività del servizio, indirizzato molto probabilmente alla Legazione britannica.

"Il Comitato di Liberazione per l'Italia settentrionale, che ha sede in Milano ed è già destinato ad avere giurisdizione su tutta l'Italia non occupata, non appena Roma sia

---

49. La Val d'Ossola. Conquistata il 10 settembre 1944 dalle formazioni partigiane, fu per quaranta giorni una "Zona libera" nel territorio più vasto occupato dai nazifascisti. A Domodossola fu costituita una Giunta di governo che amministrò in forme democratiche la Repubblica che si estendeva sino ai confini della Svizzera. Un poderoso attacco nazifascista il 14 ottobre 1944 decretò la fine di quell'esperienza. Partigiani e civili furono costretti ad un doloroso esodo fra le montagne innevate sino al confine svizzero.

caduta, ha una sezione apposita che si occupa esclusivamente dei prigionieri (in gran parte della Gran Bretagna o dell'impero inglese o degli U.S.A.) che vivono alla macchia ancora molto numerosi (circa 10.000) dopo essere fuggiti dai campi di concentramento nel periodo badogliano.

Tralasciando quelli che si sono uniti alle bande armate, è da notare che, se una parte di essi, ospitata generosamente specialmente da contadini, è provvista di abiti civili ed era, fino a poco tempo fa, in alcune regioni in discrete condizioni di sicurezza, altri sono sprovvisiti di tutto ed in più casi rivestiti ancora della divisa militare estiva ridotta ormai in condizioni deplorevoli.

Il pericolo grave per essi, ed ancora più grave per coloro che li ospitano o li favoriscono, aumenta di giorno in giorno con l'aumentare del controllo militare e politico in Italia. Date le loro condizioni ed il controllo che – come detto – diventa sempre più efficace in tutto il paese, altra soluzione non è possibile, anche per i pochi elementi che sarebbero desiderosi di rimanere in Italia, che l'avviarli verso la Svizzera, salvo casi rarissimi. Il Servizio Prigionieri del C.d.L., con i mezzi molto limitati a sua disposizione, ha assistito nel viaggio e nel passaggio della frontiera quasi un migliaio di prigionieri e per circa 800 ne ha, come vedremo, la prova. Dei prigionieri da esso assistiti fino ai primi di febbraio, ossia fino a quando risalgono le presenti informazioni, mai nessuno era stato catturato. Non è inopportuno avvertire che chi riferisce queste notizie ha lasciato l'Italia l'11 febbraio ed ha avuto sino all'ultimo contatto con il capo di tale servizio, ne conosce quindi bene il funzionamento anche se, dopo aver funto per alcuni mesi da segretario di esso, dal 10 dicembre, per una grave ferita riportata per sfuggire alla polizia, non ha potuto più prendervi parte attiva.

Il sistema adottato è il seguente. La presenza di prigionieri inglesi in una data località viene segnalata al Servizio Prigionieri dai suoi diretti dipendenti, dai suoi fiduciari locali oppure da amici che svolgono altro genere di attività.

In taluni casi, specialmente ove si tratti di pochi individui disposti senz'altro a partire e che abbiano un recapito esatto, ci si accorda subito per la data del ritiro e si manda uno o più accompagnatori, secondo il numero, a prenderli. Misure opportune vengono adottate per il viaggio. Anzitutto si bada che i prigionieri siano provvisti di vestiario decente: per aggiungere un tanto, data la limitatezza dei mezzi a disposizione, si è costretti in molti casi a provvedere i viaggiatori soltanto di un cappello e di un pastrano che poi – per quanto possibile – vengono ritirati prima del passaggio della frontiera, per poter così provvedere a più individui possibile con il materiale che si ha a disposizione. Gli accompagnatori sono uno per ogni cinque persone al massimo e non si fanno mai drappelli superiori a una quindicina. Si tratta di persone ormai specializzate che lavorano con il solo rimborso delle spese e, svolgendo in linea di massima esclusivamente tale attività, hanno acquistato una notevole esperienza e adottano quindi tutte le precauzioni consigliate dalla pratica. Se si tratta di andare in ferrovia essi naturalmente acquistano i biglietti per tutti, di solito non per la vera destinazione ed eventualmente per varie destinazioni, istruiscono i prigionieri sul modo di comportarsi durante il viaggio per non dare nell'occhio e per non provocare conversazioni che porterebbero sicuramente al riconoscimento dato che rarissimi sono quelli che parlano, sia pur male, l'italiano (possibilmente fingere di dormire, non fumare ecc...). Nello scegliere la corsa con cui partire si dà la preferenza ai treni operai del mattino o della sera perché più affollati e perché frequentati da elementi presumibilmente favorevoli. Naturalmente non sempre si può usare la ferrovia e allora si evita – per quanto possibile – l'autocorriera dando invece la preferenza alla bicicletta.

Questa era la pratica seguita sino a quando risalgono le informazioni in nostre mani, ma era prevista l'eventualità, nel caso di intensificazione dei controlli, di essere costretti a fare buona parte del percorso a piedi. Ci si era attrezzati a fornire gli interessati di falsi di tutti i documenti necessari per circolare ma, a parte la difficoltà di fornirne un numero molto grande, poteva venire il momento in cui ciononostante fosse troppo grande il rischio di servirsi dei mezzi ordinari. L'inoltro in Isvizzera avviene di solito come segue: gli accompagnatori consegnano i prigionieri alle guide di montagna (che spesso lavorano gratuitamente) o ai contrabbandieri nella località prevista presso il confine. Per avere la conferma, specialmente nel secondo caso, che i prigionieri hanno effettivamente passato il confine gli accompagnatori consegnano a ogni prigioniero un modulo a stampa che essi debbono riempire con le loro generalità, grado e reparto a cui hanno appartenuto e che contengono una dichiarazione confermante l'assistenza avuta e il passaggio della frontiera, e istruiscono ogni prigioniero di sottoscrivere tale modulo all'ultima sosta prima della frontiera che di solito avviene presso il fiduciario locale e di consegnarlo all'ultima guida solo all'atto del passaggio della frontiera stessa. In alcuni casi l'inoltro alla frontiera o ad un tratto intermedio del percorso viene effettuato avendo per guida gli appartenenti alle bande armate.

I cartellini di cui sopra vengono raccolti dal fiduciario locale e poi trasmessi al Servizio Prigionieri del C.d.L. e costituiscono anche la prova dell'effettuata assistenza. Nei casi in cui l'inoltro avviene direttamente alla frontiera dalla località in cui si trovano i prigionieri, dopo un sopralluogo si cerca di organizzare il servizio in modo che uno di essi, possibilmente un graduato o un ufficiale che conosca bene l'italiano, possa fare da accompagnatore per il primo tratto, verso la località di confine, accordandosi naturalmente sui giorni in cui una determinata via è riservata per quella provenienza. C'è per esempio uno iugoslavo che, pur essendo stato segnalato dalla polizia nella città in cui in un primo tempo si trovava, ha potuto darsi alla macchia e ora effettua regolarmente tale servizio senza aver mai nessun incidente. Non sempre però si può senz'altro disporre per la spedizione sia perché non si è ricevuto il recapito esatto dei prigionieri, sia perché non si conoscono le condizioni in cui essi si trovano, sia, più spesso, perché bisogna convincerli a seguire la persona che verrà a prenderli essendo essi all'inizio molto diffidenti di fronte a un individuo che non conoscono ancora. In tali casi bisogna mandare prima uno sul posto per le indagini e per gli accordi del caso e si sceglie allora uno che conosca bene l'inglese. A questo scopo e in generale a scopo di collegamento con località dove sia segnalato un gran numero di prigionieri inglesi fu impiegato qualche volta qualcuno dei loro ufficiali che conoscesse bene l'italiano, ma generalmente è difficile indurli a rimanere in Italia per continuare a svolgere tale lavoro.

Le vie seguite per il passaggio in Svizzera sono numerose, sia perché così si possono inoltrare contemporaneamente maggior numero di prigionieri, sia perché ogni tanto si è costretti ad abbandonare l'una o l'altra via perché qualche fiduciario informa che è stato intensificato il controllo o perché nella zona è in corso qualche scontro con le bande o è avvenuto qualche attentato o perché altre ragioni sconsigliano di affrontare il rischio del passaggio. In molti casi – in mancanza di una via diretta – è necessario far passare la spedizione per Milano e allora si fa sostare il drappello in posto sicuro dalla mattina presto sino alla sera dopo l'imbrunire. Talvolta per fare ciò, o anche solo per andare da una stazione all'altra, si deve attraversare tutta la città. Molte volte ci si è serviti anche del tram naturalmente in piccoli gruppi di tre o al massimo quattro persone con un accompagnatore e anche ciò è sempre riuscito senza incidenti avendo usato le necessarie cautele.

Il Servizio Prigionieri ha in Milano più sedi per il deposito di materiale delicato ed un recapito noto a coloro che ne dipendono o sono con esso in continuo contatto, e al C.d.L. che lo comunica a coloro che si indirizzano ad esso per questioni di competenza del servizio stesso.

Il nostro informatore, quando ha dovuto lasciare l'Italia perché attivamente ricercato e comunque in condizioni di salute tali da non poter riprendere per un certo tempo il lavoro, ha avuto espresso incarico di far presente la situazione ed i desideri del Servizio Prigionieri del C.d.L. Il suo lavoro è reso anzitutto difficile dall'interferenza di privati che vogliono svolgere la stessa attività. Ciò che a prima vista sembrerebbe una collaborazione è un impedimento soprattutto perché si tratta di attività svolta quasi sempre senza quelle regole di prudenza che la pratica consiglia, con conseguenze molto gravi, come è provato dai molti casi in cui i privati si fanno cogliere (e la notizia ogni tanto ne appare sui giornali italiani) o affidano da ultimo i prigionieri a dei disonesti che li abbandonano prima del passaggio della frontiera. Questi fatti, a parte il danno diretto, hanno altre conseguenze spiacevoli, come l'intensificarsi del controllo ecc. ecc. È difficile eliminare del tutto tale interferenza, tuttavia in molti casi, riuscendo ad individuare questi volonterosi ed indirizzandoli (dopo gli opportuni accertamenti) al C.d.L. si ottiene, per il caso si tratti di persone che diano affidamento, di acquistare dei nuovi preziosi elementi oppure, in altri casi, li si convince a non svolgere più tale attività, limitandosi se mai alle sole segnalazioni.

Un altro inconveniente notevole è dato dal fatto che spesso si tratta di persone facoltose che sono disposte a pagare alle guide alcune migliaia di lire per prigioniero, e ne accompagnano magari uno solo alla volta, mentre il C.d.L. ne porta sempre parecchi alla volta, ma non è in grado di pagare cifre simili, perché così facendo sarebbe costretto a ridurre di molto il suo lavoro.

Per quanto ci consta il Servizio Prigionieri pagava negli ultimi tempi 200 lire per prigioniero più 20 lire per ogni pasto che dovesse essere fornito durante il percorso. In questi casi spesso anche si fornivano viveri in natura o bollini delle carte annonarie. È ovvio come, di fronte alle cifre pagate dai privati, sia difficile per il Servizio Prigionieri ottenere per il suo lavoro cifre tali che gli consentano di svolgerlo nella misura voluta. Ma un'interferenza ancora più dannosa è quella svolta da persone più o meno qualificate, che asseriscono di agire per conto di comitati locali, senza prima accordarsi con il C.d.L. di Milano. Infatti se tale lavoro è svolto singolarmente non solo causa gli stessi inconvenienti lamentati più sopra, ma è molto rischioso, mentre quando è svolto in collaborazione con il C.d.L. molti pericoli possono venire tempestivamente segnalati ed evitati. Inoltre se si tien conto dei risultati raggiunti dal Servizio Prigionieri del C.d.L. e dell'affidamento che in base all'esperienza fatta finora deve dare la sua assistenza, è evidente che, per raggiungere lo scopo a cui disinteressatamente dovrebbe tendere ogni persona o gruppo che si è messo in una tale attività, di avviare cioè in Isvizzera il maggior numero di prigionieri con il minor rischio possibile, sia della massima utilità il creare meno intralci al C.d.L. ed il collaborare lealmente con il suo Servizio Prigionieri.

Se ciò purtroppo non avviene deriva dal fatto che il fine ultimo dell'attività che molti svolgono in questo campo è troppo spesso il desiderio di crearsi delle benemerenze personali per scopi puramente individuali. Tali persone o gruppi sono abbastanza numerosi anche se proporzionatamente non sono altrettanto numerosi i prigionieri accompagnati felicemente oltre il confine.

Per le ragioni su esposte, nell'interesse stesso dell'attività in questione che, si ritiene, dovrebbe star molto a cuore a cod. On. Legazione, tenuto conto che il maggior lavoro è ancora da svolgere e diventa di giorno in giorno più difficile, si raccomanda che ogni qualvolta si presenti ad una autorità o agente... una persona sia individualmente che come rappresentante di un gruppo, per ragioni inerenti all'assistenza dei prigionieri essa sia indirizzata al Servizio Prigionieri del C.d.L. per l'Italia settentrionale in Milano. È ovvio che non è necessaria indicazione più precisa perché quando trattasi di persona degna di fiducia, se già non lo sarà, non avrà nessuna difficoltà ad entrare in contatto con il C.d.L. Si ritiene poi assolutamente necessario segnalare il fatto seguente. A Poschiavo in Valtellina ci sarebbe una persona che si qualifica espressamente come agente inglese o, sembra, più esattamente del Consolato di Lugano, che offre Lit. 5000 per ogni prigioniero che le viene consegnato e sembra accertato che i prigionieri affidatile siano stati regolarmente accompagnati al confine. Ora tenuto conto del fatto che tale persona potrà necessariamente svolgere soltanto attività limitata e circoscritta alla regione vicina, è da rilevare che, come risulta da quanto più sopra si è detto, il danno di tale iniziativa supera di gran lunga l'eventuale risultato ottenuto. Non solo, ma è evidente che le somme spese dalla persona in questione sarebbero molto più utilmente impiegate dal Servizio Prigionieri del C.d.L. Infatti, se anche in proporzione ai mezzi limitati assegnatili sino ad ora (ed in particolare in un primo tempo), esso affronta considerevoli spese per ricompense per l'accompagnamento oltre frontiera, viaggi di incaricati ed accompagnatori, viaggi e mantenimento dei prigionieri, capi di vestiario, documenti, ecc., tuttavia la spesa unitaria per prigioniero è notevolmente inferiore alle Lire 5000. Da quanto si è esposto appare chiaro che codesta On. Legazione è in condizione di collaborare per l'eliminazione degli inconvenienti lamentati: ove si riuscisse a raggiungere tale risultato e a fare assegnamento su maggiori mezzi finanziari il Servizio Prigionieri del C.d.L. potrebbe dare assicurazione per l'avvenire di un'intensificazione dell'afflusso di prigionieri verso la Svizzera come consta essere desiderio di codesta On. L.

Si fa inoltre presente che per dare maggiori chiarimenti e per una precisa intesa in merito il capo del Servizio Prigionieri sarebbe molto lieto di abboccarsi con un rappresentante di codesto... e sarebbe anche disposto a venire all'uopo in Svizzera".

Da Milano i compagni di lotta incoraggiavano il babbo a non mollare, chiamandolo con il suo falso nome di Alberto.

Milano, 14.3.44

Per Paschi
Caro Alberto,
abbiamo ricevuto con molto piacere sue notizie attraverso gli amici. Siamo molto lieti di saperla in via di completa guarigione in luogo sicuro e bene assistito ed abbiamo avuto le prove della sua attività attraverso i messaggi ricevuti. Le raccomandiamo, non appena sarà in grado di farlo, di occuparsi ancora di quanto ci sta a cuore e di tenerci al corrente dei risultati.
Saluti affettuosi da tutti noi.

Nino, Enzo, Giorgio, Pierino[50]
E tutti gli altri!

Carissimo Alberto
Approfitto per aggiungere due righe anch'io immaginando che ti faranno piacere come per me è grande gioia.

---

50. Giuseppe Bacciagaluppi; Enzo Locatelli, di Lecco, addetto all'organizzazione dei passaggi di frontiera (lago di Como e Valtellina) e incaricato della IV zona (Brescia, Bergamo), arrestato il 3 aprile 1944; Sergio Kasman "Giorgio", di Genova, studente, partigiano in Piemonte, in servizio dal novembre 1943, guida e agente di collegamento per il lago Maggiore. Dopo l'arresto di Giuseppe Bacciagaluppi gli succedette a capo del Servizio dal 4 aprile 1944, al 9 dicembre 1944 data della sua morte in un'imboscata della "Muti"; Pietro Guidotti, di Bologna, impiegato, addetto all'organizzazione dei transiti, arrestato nel novembre 1944.

Io sto bene malgrado sia ricercato ma ho fatto la fame ed ora ho cambiato nome, ma però non mollo e continuo a lavorare allo stesso e con ardore più di prima.

Ti vorrei pregare di un grande favore e cioè se non potresti interessarti per mio fratello prigioniero in Inghilterra dal quale da più di 8 mesi non riceviamo nessun cenno, Nino dice che puoi fare qualche cosa, quindi è con mille preghiere che ti supplico, per consolare un po' il mio vecchio genitore, qui accludo l'indirizzo e se ti è possibile ricordati!

Qui tutti ti ricordiamo e quando abbiamo sentito il messaggio ci siamo elettrizzati tutti, perché tutti siamo un pochino orgogliosi di te, e non so se Nino ti abbia raccontato come eravamo preparati a tutto quando dovevi lasciare l'osped!

Ed ora termino perché altrimenti al posto di due righe ho scritto un romanzo colla tema di annoiarti, ma è il mio carattere, quindi mi perdonerai.

Salutandoti caramente e col più grande desiderio di presto abbracciarti liberi ti invio affettuosità.

Enzo

Mr. Locatelli Francesco
Aviere R.A.
Prisoner of War T. 120816
Camp N.84
Great Britain

* * *

In Svizzera il babbo avrebbe anche ritrovato la madre Ada e il fratello Leo con gli altri famigliari che, accolti sul suolo elvetico dopo l'avventuroso passaggio, erano stati *alloggiati*, come tutti i fortunati che non fossero stati respinti, in un campo d'internamento. Pare che gli svizzeri non fossero particolarmente teneri con i rifugiati, a parte i bimbi. Agli adulti davano poco o niente da mangiare, in compenso si dimostravano generosissimi con i più piccoli.

Così i miei zii speravano che, nonostante la sua voracità, il figlioletto lasciasse alla fine qualcosa nel piatto pure per gli altri. Comunque il loro soggiorno nel campo non durò a lungo, grazie al fatto che lo zio Leo riuscì a farsi versare in Svizzera i soldi che gli erano dovuti per un carico di caffè e, soprattutto, in virtù delle garanzie offerte dalla fidanzata svizzera del fratello della zia Paola.

Se ne andarono ad abitare in affitto a Lugano dalla gentilissima famiglia Michelotti e il 26 agosto del '44 sarebbe nata a Massagno la secondogenita Vannina. La quale Vannina, l'unica bionda della famiglia, nei litigi da ragazzina con la madre le avrebbe rinfacciato di averla concepita con una guardia svizzera. Se questa è certamente un'invenzione della figlia arrabbiata con la madre, corrisponderà al vero la diceria secondo la quale il babbo, nuovamente ricoverato in ospedale in quanto colpito da empiema pleurico, sarebbe riuscito a sedurre addirittura una suora? In ospedale ci restò altri nove mesi e dovette subire la nefrectomia, cioè l'asportazione chirurgica del rene leso dalla pallottola. ("Perché mi son monorene!...").

Nella sua lettera a Harry la moglie di Nino Bacciagaluppi così concludeva il resoconto delle peripezie del babbo:
"In Svizzera, sfinito dal viaggio e dall'emozione, perse nuovamente i sensi e rimase in ospedale fino al dicembre del 1945, quando venne a Milano per festeggiare la sua quasi guarigione con un party in casa nostra".

In quell'occasione il babbo deve aver dimenticato a casa dei Bacciagaluppi un paio di sandali, come si deduce da questa lettera, che in realtà si riferisce a cose ben più serie:

Milano, 19.5.1946
Caro Tucci,
temo che persino il tuo stratagemma relativo alla richiesta di fornitura di telefoni sarebbe stato vano, data la mia invincibile riluttanza a scrivere, se ad esso non si fosse ora aggiunto un fatto, piuttosto spiacevole, per il quale mi premeva di corrispondere con te. Tre giorni orsono entrambi i coniugi Cucchi[51] sono stati arrestati e tradotti a Varese,

---

51. Eleonora ed Ettorino Cucchi, salumieri in Milano con negozio in via Lulli 38 furono gli organizzatori di numerosi passaggi clandestini di ebrei dai confini italo-svizzeri dell'alto Varesotto. Accusati di "collaborazionismo a fini di lucro e millantato credito" con i nazifascisti furono processati e assolti con formula piena dalla Corte d'Assise, Sezione Speciale di Varese il 19 febbraio 1947. Nello stesso processo erano comparsi come imputati diversi ufficiali e militi della Milizia Confinaria, contrabbandieri e spalloni, che avevano consegnato i loro "clienti", dopo avere percepito notevoli somme di denaro per il viaggio lungo le montagne, ai tedeschi. Per costoro le condanne erano state elevate (dai 18 ai 20 anni). Le pene nei successivi gradi di giudizio si erano notevolmente ridotte.

per ordine di quella corte di assise straordinaria, a rispondere di collaborazionismo, per aver consegnato ebrei ai tedeschi, e di truffa per aver loro estorto denaro ed altri averi col pretesto di provvedere al loro espatrio.

La verità è, come tu sai, che le guide di Varese, d'accordo con i tedeschi, tradivano quei disgraziati all'insaputa dei Cucchi e che, per cavarsela, hanno ora accusato questi ultimi, appoggiando le accuse fatte contro di loro dagli ebrei reduci dalla Germania, convinti della colpevolezza dei Cucchi.

Le guide, che hanno consegnato ai tedeschi anche prigionieri britannici, come ora ho scoperto, facendosi rilasciare e trasmettendoci, con uno stratagemma, il famoso cartellino, sono state rilasciate contemporaneamente all'arresto dei Cucchi.

Io non dubito che, qualora tu fossi invitato a farlo, verresti ben volentieri a deporre in favore dei Cucchi che, a parte qualche possibile disordine amministrativo comprensibile dato l'ambiente, la *forma mentis* e le circostanze, meritano tutto il nostro aiuto per il lavoro veramente notevole che hanno fatto e per lo slancio e la generosità con cui l'hanno fatto; desideravo però sapere subito da te se la tua eventuale venuta potesse incontrare difficoltà di alcun genere. Intanto tento di far ottenere la libertà provvisoria ad almeno uno dei due coniugi, che hanno dovuto lasciare la bambina affidata ad estranei e sospendere temporaneamente la loro attività.

Spero almeno che questo spiacevole episodio mi varrà

una tua visita a Milano, già altre volte promessa e non effettuata.[52]

Ho trovato i tuoi sandali che ti spedirò con gli apparecchi, se mi confermi ciò che vuoi o altrimenti a parte.

Quanto alla premiazione, è costata a me ed agli altri disgraziati amici il cui nome è stato citato dai giornali, una pioggia di proteste, di rimostranze e di improperi; in sostanza si è trattato di questo: in occasione della distribuzione di un primo lotto di 300 certificati di benemerenza di tipo *popolare* a gente della provincia di Milano che aveva aiutato i prigionieri Alleati (quasi tutti ignoti a me), gli inglesi vollero solennizzare la cosa facendo una cerimonia al Castello, presenti alcune autorità ed invitarono me ed alcuni dei nostri ad assistere. Con mia sorpresa ed imbarazzo (avendo essi specificatamente dichiarato che si trattava soltanto di un invito quali spettatori) mi insignirono di un portasigarette con dedica e di un discorsetto. I giornali riportarono i nostri nomi tra quelli che avrebbero preso quattrini ed onorificenze, e di qui tutti i nostri guai.

Sento con piacere del tuo orientamento verso il partito di Parri, che spero sia ormai cosa fatta; io ho pure aderito

---

52. Arturo Paschi nella testimonianza resa davanti ai giudici della Corte d'Assise, Sezione Speciale di Varese il 19 maggio 1946, dichiarò di aver avuto salva la vita quando, ricoverato "piantonato" all'Ospedale Niguarda per le ferite riportate nell'attentato del 10 dicembre 1943, fu liberato per l'intervento "disinteressato" della signora Eleonora Cucchi e di alcuni volontari della sua organizzazione. Sempre l'organizzazione dei coniugi Cucchi provvide a condurlo da Milano oltre il confine italo-svizzero.

al Movimento che trovo, almeno nel programma e nelle finalità, abbastanza consono al mio modo di pensare (soltanto vorrei un po' più di decentramento ed un po' più di intransigenza in questioni morali e d'epurazione); in compenso, almeno qui a Milano, è formato da persone completamente scevre, immuni, spoglie di qualsiasi senso pratico, come stanno brillantemente dimostrando con il modo in cui conducono la campagna elettorale; ma mi consolo pensando che l'assoluta certezza che non si riuscirà a cavare un ragno dal buco farà sì che soltanto coloro che non hanno ambizioni di sorta aderiranno al movimento.

Io mi sto occupando di un po' di organizzazione propagandistica di mia iniziativa e clandestinamente perché i soloni del movimento mi hanno apertamente dichiarato che di organizzazione non ne capisco niente e che del mio aiuto non sanno che farsene.

Temo che Amos[53] sia un po' nelle stesse condizioni; e intanto si stanno sciupando i comizi di Parri, che riscuotono ovunque successi entusiastici e che, per mancanza di organizzazione, non frutteranno nulla. La Cooperativa è riuscita a mettersi in piedi e si regge ora, un po' barcollante, ma abbastanza stabilmente. Comincio a sperare che, se tutto va bene, riusciremo a restituire il capitale senza interessi ai soci!

Salutami molto cordialmente la mamma, il fratello e tutti i tuoi, nonché gli amici Pincherle (ho saputo della

---

53. Il dottor Chiabov.

morte della madre e ho scritto a Bruno) e, se ti capita, quel bel tipo di Wilfred. Saluti a tutti da Audrey e Marco;[54] un abbraccio da me.

Tuo
Nino Bacciagaluppi

P.S. Hai più saputo niente di quel Novati Marco di cui ti eri interessato in Svizzera perché disperso?

Saluti da Gemma Bartellini che ti prega di interessarti del libretto del marito[55] sulla questione di Trieste, che veramente merita di essere letto e diffuso. Ne sono state inviate 500 copie alla libreria Peterlin, via S. Lazzaro 1.

Scrivimi presto e parlami della situazione locale.

---

54. Il figlio.
55. Ermanno Bartellini ucciso nel campo di sterminio di Dachau. Bartellini, nel settembre 1943, aveva messo in contatto l'ingegner Bacciagaluppi con Ferruccio Parri. Vedi anche note 7 e 26. Il "libretto" cui accenna Bacciagaluppi è stato pubblicato col titolo *Trieste* dall'editore La Fiaccola, Milano 1946.

II
DOPOGUERRA

"Trieste mi è venuta incontro. Mi è venuta incontro in quella autocorriera su cui caricavo le valige in un buio e limaccioso mattino milanese: parlava il dialetto triestino l'autista, avevano l'accento triestino molti passeggeri, in netto contrasto con l'addetto dell'Agenzia di viaggi che chiuse con un colpo secco la portiera, augurandoci un buon viaggio dopo essersi rivelato per tratto e parlata un vero milanese, di quelli nati più a sud di Roma. Dodici ore di viaggio, circa il doppio di quanto impiegavano un tempo i direttissimi. Un solito viaggio in corriera, come quelli che si facevano in altri tempi per andare a sciare, solo più lungo e quando si attraversava l'abitato, spesso si passava fra due cumuli di macerie, e quando si passava un ponte si andava molto adagio. Erano più di due anni che mancavo da Trieste e già dai discorsi dei compagni di viaggio tentavo di cogliere le novità. Molti però mancavano anch'essi da più tempo e vi andavano a passare le feste. Il discorso all'ordine del giorno, in particolare durante la sosta per la colazione a Tavernelle, vicino a Padova, era uno solo: 'Ce l'ha il permesso lei? Guardi che senza non si entra più'.

Questa era la perentoria affermazione del solito competentissimo viaggiatore di commercio. Infatti questa era la prima novità: fra l'Italia e Trieste, grosso modo in pianura lungo l'Isonzo, c'è un confine che divide dal resto d'Italia la zona in contestazione, e per passare questo confine ci vuole un permesso delle autorità alleate.[56] Chi si

---

56. Dopo la guerra Trieste e la Venezia Giulia furono oggetto di una contesa fra l'Italia e la Iugoslavia. Il 3 luglio 1946 il Primo Ministro De Gasperi firmò il trattato di pace che prevedeva la creazione del Territorio Libero di Trieste comprendente la città, a nord il litorale fino a Duino e a sud parte dell'Istria fino al fiume Quieto, territorio destinato a essere smilitarizzato, con Trieste porto franco, e sotto la tutela dell'ONU. Il territorio venne provvisoriamente diviso in "Zona A", inclusa la città di Trieste, amministrata dagli Alleati, e "Zona B", amministrata dagli iugoslavi. Nel febbraio del 1947 fu ratificato il trattato di pace di Parigi, che rendeva Trieste Territorio Libero e assegnava il rimanente della "Zona A" al Governo Militare Alleato, restando invariata l'amministrazione della "Zona B" da parte degli iugoslavi. Negli anni successivi la diplomazia italiana tentò invano di ridiscutere gli accordi di Parigi, mentre continuavano gli scontri e i disordini per le vie di Trieste. L'8 marzo 1952 una bomba uccise alcuni manifestanti di un corteo di italiani. Il 5 novembre 1953 in alcuni scontri di piazza furono uccisi sei civili, i quali avrebbero poi ricevuto la Medaglia d'Oro al Valor Militare. Un anno dopo sarebbe morta una settima vittima per le ferite riportate. Il 5 ottobre 1954 fu firmato a Londra un "Memorandum d'Intesa", in forza del quale la "Zona A", amministrata dal Governo Militare Alleato, sarebbe tornata all'amministrazione italiana, con il ritorno definitivo di Trieste all'Italia il 26 ottobre. La Iugoslavia avrebbe continuato ad amministrare "provvisoriamente" la "Zona B". Il 10 novembre 1975 il trattato di Osimo avrebbe sancito "*de iure*" quanto stabilito "*de facto*" dal Memorandum di Londra e la "Zona B" sarebbe andata definitivamente alla Iugoslavia. Questa zona attualmente appartiene in parte alla Slovenia e in parte alla Croazia.

prende la briga di chiederlo a Milano rischia di aspettare settimane; molto più facilmente lo si ottiene a Trieste per uscire dalla zona col diritto di rientro.

Naturalmente c'era più d'uno che non era in regola, fra cui il sottoscritto. Le più rumorose erano tre sorelle triestine, una signorina e due signore, la più giovane ragazza da marito lievemente in ritardo, la più vecchia di una maturità ancora combattiva. Anche sotto la loro eleganza milanese traspariva l'origine triestina e il dialetto non lo avevano certamente dimenticato: 'Noi gavemo un telegrama dela mama che la sta tanto mal'.

Ma il competentissimo viaggiatore di commercio era catastrofico: sarebbero dovute scendere, *forse* avrebbero trovato da dormire per quella notte e poi, dopo qualche giorno *forse* avrebbero ottenuto il permesso. Per fortuna un galante compagno di viaggio che aveva preso le tre avvenenti triestine sotto la sua protezione, le tranquillizzava: ma no, non era poi tanto grave, ci avrebbe pensato lui, avrebbe detto che le conosceva, e si faceva dare l'indirizzo per confermare che stavano a Trieste in via Taldeitali.

'Naturalmente – aggiungeva il competentissimo viaggiatore di commercio – può cavarsela senza il permesso chi ha la nuova carta d'identità, quella azzurra – la conoscete?'

E sfoderava il nuovo documento obbligatorio nella 'zona A' della Venezia Giulia (quella occupata dagli Alleati). 'Come vedete, scritta in quattro lingue: inglese, italiano, sloveno e croato'.

E continuava prevedendo una minuziosissima visita al bagaglio, che ci avrebbe fatto perdere delle ore. Invece andò tutto liscio. Quando arrivammo all'Isonzo era già buio e pioveva. Aprì la portiera un giovane soldatino italiano e al signore galante, che per alleggerire l'atmosfera mormorava in tono scherzoso che avevamo fretta, rispose secco che ne aveva più lui: forse era l'ora del rancio.

Subito, quasi secondo un piano prestabilito, i viaggiatori in regola gli si affollarono intorno alzandosi dai loro posti per porgere il *permesso giallo* e coprir le tre avvenenti triestine che si facevano piccole piccole. Esaminati quelli, toccò a me che ero un po' in disparte di andare galantemente allo sbaraglio, e porsi un passaporto ed un altro pezzo di carta che però non era il *permesso giallo*, spiegando che venivo da più lontano di Milano, che come risultava dai miei documenti ero nato e vissuto a Trieste ed ero autorizzato a recarmici.

'Ma lei per me non è in regola, non ha questo!' e mostrò il miracoloso pezzo di carta gialla di un altro viaggiatore. Allora dovetti spiegargli le mie condizioni e insistere soprattutto su un pezzo di carta che non era giallo, ma che aveva molti timbri e molte parole straniere. Sembra che specialmente queste gli facessero una certa impressione, come succede sempre ai tutori dell'ordine di fronte alle cose che sono loro incomprensibili, ma che non possono o vogliono ammettere di non comprendere. Fatto sta che, forse con l'aiuto degli stimoli del suo stomaco nell'ora del rancio, mi restituì graziosamente i documenti come a concedere il nulla osta, ci salutò e scese sbattendo la portiera, mentre la corriera si rimetteva in moto fra le reciproche congratulazioni dei viaggiatori che non erano in regola.

Ormai si era vicini e dopo forse mezzora s'infilava quel rettilineo che da Sistiana porta al mare da dove la strada prosegue, quasi a picco sulla spiaggia fin verso Trieste.

Più volte mi sono sentito dire da non triestini che Trieste era una bella città e, pur essendo convinto che fosse vero, mi sono sempre domandato perché, a parte ogni spirito di campanile, Trieste, senza bellezze artistiche, anzi con la sua tipica miseria architettonica, senza notevoli ricordi storici, senza ricchezze di parchi e giardini, con un clima ingrato, potesse essere detta una 'bella città'! Quello che può piacere di Trieste non può essere – a parte ogni simpatia per le sue proverbiali belle ragazze o ragioni di carattere sentimentale – che la sua posizione fra mare e monte in fondo al suo comodo golfo e chiusa tutto in giro da alture, quasi a significare che la sua vita viene dal mare e che, come per tutte le città mercantili, dai Fenici a Venezia, attraverso il mare respira aria di terre lontane e non conosce solo la terra che la circonda come avviene alle città dell'interno.

Io credo che quando qualcuno pensa a Trieste come ad una bella città pensa sempre allo spettacolo dell'arrivo, sia che gli sia toccato di vederla la prima volta da terra o dal mare.

Arrivando dall'interno, dalle 'vecchie province', sia in macchina che in ferrovia, si piomba sulla città dall'alto e non si può non dirla bella, protesa com'è verso il mare con la punta della Lanterna, con i moli e le dighe. Ricordavo allora che a ogni ritorno mi succedeva sempre di mettere la testa al finestrino o di tergermi il cristallo della macchina per godermi lo spettacolo. Non era il gesto meccanico del viaggiatore che vuol sapere fra quanti minuti si arriva e, per tante altre città, giudica dal numero dei binari che corrono a fianco o dalle case di un sobborgo o dal capolinea di un tram. Era qualche cosa di più, perché con uno sguardo rivedevo tutta la città e mi sentivo tornato a far parte di essa con in me qualche cosa di nuovo. Avevo superato gli esami, avevo fatto il servizio militare, tornavo da un viaggio all'estero: quasi sempre si chiudeva qualche piccola o grande esperienza, questa volta tornavo dopo una guerra.

Questa volta però la notte era buia e bisognava indovinare. Eppure ogni triestino sa che – sulla destra – oltre quei paracarri bianchi e neri che i fari fanno sorgere dal buio, giù quasi a picco c'è il mare; che quel lumicino sperso che si accende e si spegne deve essere Pirano, che al di là di quelle siepi di sempreverde che si alternano ai paracarri giù a picco c'è il mare, che quella luce che si vede e non si vede potrebbe essere Salvore; che quei roccioni che ci corrono incontro scendono fino al mare, che quelle luci più avanti possono essere Muggia.

Poi finalmente, fioche nella nebbia, si vedono le luci che fanno indovinare la città, quelle luci che non c'erano quando sono partito, durante la guerra, ma che non sono ancora così festose come una volta in tempo di pace. A destra una luce intermittente, è la Lanterna, il faro vecchio, e una coppia di raggi che illumina la collina a sinistra e poi vaga per il cielo è il faro della Vittoria. E anche al buio si distingue qualche cosa di insolito, la parte alta della città è illuminata da riflettori: navi da guerra o in porto?

Poi la città non si vede più e sulla destra sempre i paracarri e le siepi, poi qualche villa, un albergo. Siamo a Miramare, passiamo le due gallerie e qui, sulla sinistra, sorge dall'ombra una grande scritta: Zivel Stalin – dove c'era Duce Duce – e sulla destra mi sfugge un grande Tito – dove c'era un grande stemma dell'Aass a sassolini multicolori. E poi, prima di arrivare, grandi scritte inglesi con sequele di iniziali misteriose: Eefi, Aafi... anche questo non c'era quando sono partito.

Mi avevano detto che Trieste è cambiata, che non si riconosce più, che non si vede più la stessa gente, che si sente ad ogni passo parlare lo slavo. Non è vero. So che era differente, so che sono spariti non solo dei fascisti durante i 45 giorni di occupazione,[57] so che la vita non era molto allegra e che un mio amico era stato picchiato dalla 'Guardia del popolo' appena arrivato a Trieste, perché aveva mostrato una carta d'identità fatta a Firenze. Ma, rinunciando ad entrare in polemiche a questo riguardo e volendo osservare la realtà di oggi, si può senz'altro affer-

---

57.   Il numero esatto dei giorni è 43, ossia dal 1 maggio al 12 giugno, mentre a Trieste è invalsa la consuetudine di parlare dei "40 giorni".

mare che Trieste va ritrovando il suo volto e che le tracce lasciate da quel periodo sono inferiori a quelle che vi credono di vedere certi triestini, ossessionati da polizie segrete e da terrori ingiustificati.

Per strada s'incontrano sempre le stesse facce, si trova qualcuno dimagrito, qualche altro invecchiato, ma in questo momento non sembra questa una prerogativa di Trieste. Nei locali pubblici – non requisiti dagli alleati o riservati a trattenimenti danzanti – si nota un certo squallore e talvolta qualche gruppo di sfaccendati che parlano una lingua straniera: iugoslavi profughi. E in tram si può incontrare qualcuno che non ha l'aria di un concittadino e che parla lo sloveno. Per strada ho incontrato una volta tre giovani che cantavano una canzone slava che parlava di partigiani. Ma nel complesso il quadro è sempre quello.

C'è sì proprio in centro una libreria che vende esclusivamente libri in croato e in sloveno e alcuni volumi di cultura marxista tradotti in italiano e questo fatto sembra colpire la sensibilità di alcuni triestini. Mi sembra invece anche questa un'eredità dei passati vent'anni: se quei libri fossero sempre stati in tutte le librerie non ci sarebbe oggi chi si prende la briga di aprire una libreria per vendere e mettere in bella mostra solo quelli.

Al primo giro che ho fatto per la città mi ha colpito l'abbondanza di vistose scritte, troppo uniformi per essere pura voce di popolo: Zivel o W (che è poi lo stesso) Tito, W Trieste VII Stato Federale Iugoslavo. Ma il giorno dopo non c'erano più, è venuto un ordine alleato che le proibiva e sono state cancellate. Mi ricordo che nella primavera del '43 gli squadristi avevano tappezzata mezza città di fasci rossi, ma in giugno erano stati tutti cancellati con vernice nera (non proprio per opera della polizia) e per rimediare i fascisti avevano poi sovrapposto dei manifesti. Non credo al valore delle scritte murali organizzate, vorrebbero essere quello che non sono. Non credo neppure che facciano molta impressione sugli alleati a cui sono rivolte quelle di oggi. Probabilmente non le leggono e ora le hanno fatte cancellare.

Ma quasi in contrasto con quelle scritte ho notato sui muri delle case qualche cosa che c'era già quando sono partito: sono delle iniziali su un disco bianco, sembrano dipinte in modo da voler durare sia pure con un significato diverso da quello che avevano in origine: sono delle grandi 'I' a stampatello, le avevano messe ad indicare qualche cosa in caso di allarme aereo. E accanto ad esse, strano, c'è spesso un altro disco bianco con su scritto U.S. Che cosa ci stanno ancora a fare queste sigle, che siano un presagio del futuro?

Sono andato a passeggio per le rive, di nuovo ho trovato certe poderose casematte in cemento armato: ora sono in demolizione, ma sono dure a morire e sono tutte una selva di tondini di ferro ritorti che vibrano al lavoro dei trapani automatici, una selva di polvere. Poi c'è il filo spinato, deve aver fatto orrore quando i tedeschi hanno sbarrato le rive. Ma ora è in gran parte abbandonato, in molti posti manca. Dov'è ancora teso non fa molta impressione, la gente passeggia anche dall'altra parte, lungo il mare. Il molo Audace però, quello a cui si era attraccata la prima nave italiana nell'altra guerra, è ancora chiuso da uno sbarramento: c'è una sentinella perché ci sono le navi da guerra inglesi e americane. Le conosciamo noi triestini, venivano in visita anche prima, in tempo di pace, ma ora sono cambiate, sono più austere, più grige, non mettono in mostra i lucidi ottoni, hanno fatto la guerra e questa volta non sono qui in visita di piacere.

Ai moli del Punto Franco 'vecchio' (Porto V.E.III) si vedono solo due piroscafi, uno più lontano è tutto sbandato sul fianco, l'altro più in vista ha uno squarcio sul fianco, la lamiera è entrante ad imbuto, come la cicatrice che ho visto ad un amico ferito, e la lamiera è ruggine tutto all'ingiro.

Sono andato a vedere il centro. Eh sì, ci sono delle novità. A parte le scritte e le bandiere. Sempre in coppia, più spesso quella inglese e quella americana e poi in due o tre posti il tricolore iugoslavo e quello italiano tutti e due con la stella rossa, simbolo delle organizzazioni antifasciste italo-iugoslave.

Poi i veicoli alleati. Ce ne sono molti, di tutte le fogge e le misure e scorrazzano tutto il giorno: fan quasi pensare a quelli dei tedeschi quando, occupata una città, giravano su e giù strombazzando per fare impressione.

Ai crocicchi i vigili urbani non ci sono più, c'è invece la 'Civil Police' in cappotto nero e casco bianco. Si vedono anche in giro, con lo 'Sten' a tracolla, canna in giù. Fanno tutti i servizi di polizia e hanno l'aria molto importante, ma ho già trovato fra di essi un amico che in altri tempi mi metteva in contravvenzione se facevo finta di non veder cambiare colore ad un semaforo.

I tram camminano adagio e alcune ore al giorno sono fermi, hanno l'aria trasandata di tutto questo dopoguerra. Noto su uno la scritta 'Rione'. È quello che andava al Rione del Re. La nomenclatura non era più di attualità, ma si vede che gli Alleati non ne hanno ancora disposta un'altra e così il tram se ne va barcollando verso quel Rione che non ha più il nome vecchio, ma non ha ancora uno nuovo. Per la stessa ragione ci sono ancora a Trieste una via Balbo e anche una piazza Malta e una via Nizza (ironia della sorte ora che gli altri hanno delle rivendicazioni verso di noi).

Se a Trieste si cercano le tracce dei bombardamenti a prima vista in centro non si vede nulla, tutto sembra intatto. C'è, sì, sotto al cosiddetto grattacielo di piazza Malta, vicino al Corso, un mucchio di rovine, ma non è che il ricordo di un'epoca in cui ogni città che si rispettasse doveva fare mostra, oltre che di opere pubbliche, magari inutili purché dispendiose e appariscenti, anche di qualche resto che attestasse la sua romanità, e si chiama il teatro romano. Non so se sia stato direttamente colpito, ma con tutto il rispetto per i ruderi e la romanità, è più informe e squallido di prima.

Per vedere rovine più recenti bisogna andare nelle vie traverse: vi si trovano sia di quelle case svuotate di dentro che nascondono le loro miserie con le facciate ancora in piedi, sia di quelle squartate, con tutte le interiora al sole. Una zona è molto colpita verso Sant'Andrea, in giro a piazza Carlo Alberto, una piazza con un bel giardino che era circondata da moderne case di abitazione. Ora nel giardino grandi sbarramenti di filo spinato e cavalli di Frisia e dei bunker a forma di cono. Ma i bambini vi giocano ormai dentro. Le maggiori distruzioni sono in una zona dove un visitatore affrettato non va: ai cantieri e nel quartiere operaio, a San Giacomo. È strano, anche qui sembra si sia fatto in modo da non dare nell'occhio, la chiesa è intatta in mezzo alla piazza Campo San Giacomo e sono in piedi le case in giro, ma addentrandosi nelle vie laterali si trovano zone devastate, la cui esistenza nella loro città molti triestini certamente ignorano.

Ma c'è un'altra cosa da notare qui a San Giacomo. Sul bianco che ha cancellato le scritte, le scritte sono risorte: W Tito, W Stalin, W Trieste VII Stato Federale, e la falce e martello. 'Ci hanno fatto lo sfondo, adesso si vedono meglio'. Ha detto imperterrito un operaio. Non è un caso che qui le scritte continueranno ad esserci ad onta della proibizione. Qui hanno un significato che non ha nulla a che fare con il confine orientale che i cinque Grandi decideranno e tutti i piccoli sottoscriveranno per noi.

Qui c'è scritto W Tito più spesso che W Stalin perché Tito è vicino e Stalin è lontano, non si trova mai W Togliatti perché Togliatti, anche se non più lontano di Tito, non è e per il momento non sembra sia in procinto di diventare Capo di uno Stato. Ho domandato al mio amico operaio se riteneva che il quartiere popolare fosse stato colpito per errore, perché non lontano in linea d'aria dai Cantieri. 'Macché!' Mi ha risposto 'Lo hanno fatto apposta per *attivare* le masse'. È certo che questo risultato è stato ottenuto perché qui più che altrove gli operai hanno superato di molto le altre classi sociali nel combattere il tedesco. E forse nel desiderio di *attivare* le masse si è andati oltre le intenzioni...

Qui come altrove chi meno aveva più ha perduto e le rivendicazioni sociali hanno perciò raggiunto un'esasperazione che crede di poter trovare sfogo solo in un completo rivolgimento sociale. Che cosa c'entra in tutto ciò la nazionalità, la lingua? Di questi operai che inneggiano a Tito l'assoluta maggioranza non conosce lo slavo, eppure è qui che è in pericolo l'anima italiana di Trieste. La maggioranza dei giovani che nelle loro manifestazioni non sanno che scandire *I-talia, I-talia* come una volta facevano per *Du-ce, Du-ce*, dovrebbero fare una passeggiata fra le rovine di San Giacomo. Si accorgerebbero che il modo di difendere qui l'Italia è un altro. Gli operai si stanno già accorgendo che i loro problemi non hanno una bandiera nazionale e nell'ultima manifestazione portavano solo la bandiera rossa".

Questo è stato il racconto del babbo al suo rientro a Trieste dopo che Tito se n'era ormai andato già da un bel po'.

A Trieste un altro Nino, suo compagno di gite in montagna e futuro suocero, se l'era vista piuttosto brutta durante il periodo dell'occupazione iugoslava.

Mio nonno, come ho già spiegato, era perfettamente bilingue. Suo padre, mio bisnonno Emilio, faceva il cuoco a bordo delle navi del Lloyd assieme a suo fratello Antonio, tant'è che a pagina 371 della XIII^a edizione del libro *Cucina Triestina* di Maria Stelvio è riportata la ricetta della 'torta Velat', creazione pasticcera del mio prozio Antonio.[58] Non so per quale motivo né quando fosse stata aggiunta una seconda 'l' al loro cognome, un'altra *italianizzazione?*... Nel primo numero della «Cittadella», inserto satirico e di attualità del quotidiano triestino «Il Piccolo», del 27 marzo 1947, c'è una buffa caricatura della Editta Vellat, allora ventenne, e si fa un gioco di parole nel parlare dell'"attesissimo' Ballo della Vela: "Editta al Ballo della Vela – o della Vellat?" Evidentemente la seconda elle c'era già.

Mio nonno, Antonio pure lui e padre della Editta detta Mausi, era un esperto di matematica attuariale alla RAS[59] e, a differenza del babbo, non era mai stato stato iscritto a nessuna organizzazione fascista di alcun tipo. In un'*intervista* famigliare concessa a me e al mio compagno Yves nel 1996, poco tempo prima di andarsene per sempre, la voce del nonno da noi registrata su una cassetta racconta:

---

58.   Antonio Velat rinomato capo cuoco del Lloyd Triestino come riferito in calce alla ricetta.
59.   Riunione Adriatica di Sicurtà.

"Il primo maggio 1945 mi stavo recando in ufficio, dopo essere uscito dalla mia abitazione di via Cicerone. Quando arrivai nei pressi della chiesa di Sant'Antonio sentii le parole: 'Stol! Ti si nemski oficier!' Mi voltai e vidi un uomo in borghese che teneva la pistola puntata su di me. Gli risposi che non ero un 'nemski oficier', un ufficiale tedesco, bensì un impiegato della Jadranska Osiguranje Drustvo, ma egli, con modi bruschi, mi prese il portafoglio e le chiavi di casa e m'invitò a continuare, sempre tenendomi la pistola puntata alle spalle.

Arrivammo in piazza Unità, dove mi fece entrare nel Municipio, salimmo le scale e mi trovai in uno stanzone affollato di gente in borghese arrestata dai partigiani. Il mio accompagnatore con la pistola mi affidò alla guardia di piantone, un giovane sloveno, molto corretto, vestito dell'uniforme dell'esercito iugoslavo. Al portafoglio avevo ormai rinunciato, ma non intendevo rinunciare alle chiavi di casa e avevo notato che quello che mi aveva arrestato le aveva consegnate al piantone.

Questi le aveva prese, infilandole davanti ai miei occhi in un cassetto; io gli spiegai che non c'entravo per niente con le operazioni militari, in particolare non ero affatto un 'nemski oficier'... bensì un impiegato della Riunione Adriatica di Sicurtà, compagnia che lavorava anche in Iugoslavia e che lui certamente conosceva almeno di nome.

Il piantone mi guardò in faccia e mi disse: 'Come vedi io sto passeggiando su e giù, non appena ti volto la schiena, prendi le chiavi e tientele'. Io seguii l'invito, riprendendo possesso delle mie chiavi. Questo gesto così cortese da parte del piantone iugoslavo mi colpì al punto da indurmi a chiedergli: 'Sei molto gentile, dimmi un po'', come mai ti trovi in questa compagnia?'. Lui mi rispose guardandomi fisso negli occhi: 'Mio padre è morto combattendo sul Carso per l'Austria e i tedeschi mi hanno cacciato dalla mia patria, trasferendomi con tutta la mia famiglia nella Voivodina, in Serbia'.

Al che replicai: 'Hai fatto bene, al tuo posto avrei agito nello stesso modo'.

Arrivata la sera, ci fecero salire su dei camion per portarci nella caserma di Roiano. Lì avvenne l'interrogatorio da parte delle guardie titine, tutti partigiani di lingua italiana, triestini insomma. Io però non fui interrogato. Poi ci raccolsero in uno stanzone, dove scorsi una lunga panca della quale m'impossessai subito per non essere costretto a distendermi sul pavimento, che era sporchissimo. Così trascorse una settimana. Ogni volta che dovevamo andare al gabinetto ci accompagnava un partigiano con la baionetta innestata.

Un giorno arrivarono alcuni marinai tedeschi provenienti da Amburgo, erano stati fatti prigionieri sulla piccola flottiglia tedesca che si trovava in porto. Avevano staccato i bottoni di metallo sostituendoli con bottoni normali, però si capiva subito che indossavano la divisa dei marinai tedeschi.

Un pomeriggio entrò nel nostro stanzone un gruppo di prigionieri russi i quali, appena arrivati, si sedettero e si spogliarono, iniziando a uccidere uno per uno i pidocchi che avevano addosso. Il sottoufficiale al comando dei marinai tedeschi pensò subito di rivolgersi a me: 'Senta, ho visto che lei parla col piantone di guardia, gli dica che noi non vogliamo stare con questi russi pidocchiosi'. Io andai dal guardiano e gli feci notare: 'Questi sono russi!'. Al che mi rispose: 'Certo che sono russi!'. 'E tu sei iugoslavo'. 'Sì, sono iugoslavo'. 'Ma da quanto ne so partigiani russi e partigiani iugoslavi sono fratelli, sono tutti della stessa nazione'.

'Certamente!' mi rispose. 'E tu permetti che dei prigionieri russi vengano in contatto con dei tedeschi, ma non sai che questa è un'offesa per i russi?'.

Quello mi guardò e mi disse: 'Hai ragione, non ci ho pensato'. E fece subito sgomberare lo stanzone dai prigionieri russi che furono trasferiti in un altro locale.

Dopo una settimana trascorsa in uno stato d'animo tutt'altro che allegro, venni chiamato per l'interrogatorio alle due di notte. La caserma era buia, nello stanzino dove mi fecero entrare si trovavano due giovanotti: uno era uno studente universitario di Zagabria, l'altro uno studente universitario di Trieste, ma di lingua slovena, e questi due giovanotti cominciarono a interrogarmi.

Alla prima domanda, se potevo indicare qualcuno capace di riferire sul mio passato politico, risposi senza esitazione: 'L'avvocato Okretic!', che conoscevo molto bene e con il quale avevo fatto tante gite in montagna. L'avvocato Okretic, cosa che io allora ignoravo del tutto, era l'esponente titino di Trieste e si batteva per l'annessione di Trieste alla Iugoslavia. Comunque, ignaro com'ero, citai il suo nome quale persona che poteva garantire della mia, come dire, appartenenza politica. E aggiunsi: 'L'avvocato Okretic vi risponderà esaurientemente sulla mia persona'. Allora l'inquirente iugoslavo mi chiese a bruciapelo: 'Ma tu saresti propenso ad approvare che noi rimanessimo qui a Trieste oppure preferisci gli americani?'.

La domanda mi sembrò così buffa, che incominciai a ridere, ma a ridere proprio di cuore, e gli risposi: 'Ma come vuoi che io, nella posizione in cui mi trovo, non risponda che preferisco restiate a Trieste voi iugoslavi, certo che risponderò così, ma potreste credermi? Al vostro posto io non potrei mai credere a una simile affermazione! Mi pare ovvio dichiarare che preferisco rimangano gli iugoslavi e siano gli americani ad andarsene!'.

Questa mia risposta piacque talmente al giovane iugoslavo, che si alzò battendomi la mano destra sulla spalla ed esclamando: 'Ti si naš! Ti si mobilisirat!', ossia: tu sei uno dei nostri, sei mobilitato. Mi assegnò subito un letto e un rancio e in quella mia veste di *mobilisirat* restai ancora due settimane nella caserma di Roiano.

Mi attendeva un compito molto ingrato: dovevo raccogliere tutte le armi, comprese le bombe a mano, che erano sparpagliate nell'edifico della caserma. Non soltanto dovevo raccoglierle, ma anche registrarle in un libro, che poi veniva consegnato a un anziano sottufficiale titino, un contadino del Carso. Per fortuna potei eseguire questo compito senza nessun incidente e dalla mattina alla sera andavo a raccogliere le armi per consegnarle al sottoufficiale titino, registrandole nel libro. Il sottoufficiale, entusiasta del mio lavoro, confessò che mai aveva avuto il libro delle armi in ordine come quella volta: mi guadagnai così la libertà di muovermi nella caserma e fui assegnato alla cucina, perché la caserma oltre ai prigionieri politici ospitava 300 soldati titini per i quali bisognava preparare il rancio quotidiano.

Come addetto alla cucina avrei dovuto pelare patate, cosa che mi ripugnava, ma avevo osservato che i titini a cui era stato assegnato il compito di tagliare la legna non volevano invece assolvere a quest'incarico. Mi offrii allora di tagliare la legna, di cui c'era grande abbondanza nella caserma, in cambio di essere liberato dalla mansione di pelare patate. I titini, tutti ragazzi molto giovani, accolsero con entusiasmo la mia proposta e per più di una settimana passai le giornate a tagliare la legna, preparandola per il suo uso in cucina. Alla fine della terza settimana del mio soggiorno, l'ufficiale di comando della caserma mi chiamò per dirmi che ero libero di tornarmene a casa.

Evidentemente i titini avevano rinunciato all'idea di potersi tenere Trieste. Io risposi all'ufficiale che non volevo andarmene senza aver prima un lasciapassare, cosiddetta *propusnica*. Vidi un sorriso accennarsi sulle sue labbra, era chiaramente lusingato dal fatto che io attribuissi ancora importanza a un lasciapassare rilasciato dagli iugoslavi.

Mi diede il lasciapassare e mi regalò cinque vasi di latte condensato, quattro o cinque vasi di marmellata e anche delle sigarette. Le sigarette le passai a mia volta ai soldati e il resto lo tenni per me, poi uscii dalla caserma per andare subito dal barbiere a farmi tagliare i capelli.

Questo è stato il mio incontro con i partigiani di Tito, un incontro in fondo piacevole".

Nonostante questa sua *positiva* esperienza con i titini, a guerra finita il nonno fu sottoposto al giudizio di un Comitato d'Epurazione che lo condannò per collaborazione con l'invasore tedesco, privandolo per un anno di lavoro e stipendio. Con grande umorismo il nonno raccontava di avere allora passato una magnifica estate all'aria aperta: immaginarsi, lui che era supersportivo, poteva impunemente trascorrere le sue giornate a vogare nel golfo di Trieste o ad arrampicarsi nella Val Rosandra, anziché chiuso a marcire in un ufficio, sia pure comodo quale quello che di lui mi ricordo nel sontuoso edificio di Piazza della Repubblica, con quella fastosa entrata con fontanella e leoni che tanto m'impressionava da bambina.

La Val Rosandra, una delle tante meraviglie della città di Trieste affacciata sullo spettacolare golfo e addossata all'aspro ma incantevole altopiano del Carso, fa parte delle molteplici mete, domenicali e non, dei triestini amanti dell'aria aperta, dell'esercizio fisico e della buona tavola. Ci vengono gli speleologi per le grotte, gli alpinisti per le pareti rocciose, gli escursionisti per i sentieri, i botanici per la flora, i buongustai per le osterie e d'estate pure i bagnanti, per tuffarsi nelle acque gelide del torrente Rosandra.

Come racconta Vasari nel documentario sulla classe di Stuparich riferendo del grande amore dello scrittore per la natura e le passeggiate nel Carso, Stuparich rimase a lungo tempo in ospedale dopo essersi gravemente infortunato mentre tentava di fare alpinismo in questa spaccatura verticale, scavata per erosione nel calcare del Carso, che presenta tutti i caratteri di una conca alpina pur trovandosi in prossimità del mare, dove più d'uno ci ha lasciato le penne.[60]

Ancora una volta fu l'avvocato Okretic a salvare il nonno Nino, facendogli vincere il processo da lui intentato alla RAS la quale, oltre a doverlo riassumere, fu condannata a versargli gli arretrati per quell'anno in cui se l'era spassata ai monti e al mare.

Quest'altra storia però il Nino non la volle registrare, forse proprio per non irritare l'impresa, che nonostante i novantanni suonati e la regolamentare pensione gli affidava ancora qualche lavoricchio. Quando, alla fine dell'*intervista*, io insisto perché ci racconti di nuovo la storia delle macchine Hollerith, probabile causa della sua epurazione, lui ci racconta invece quest'altra graziosa storiellina, in francese per far piacere a Yves, che in realtà è neerlandofono della provincia belga del Limburgo.

---

60. Si veda anche il film *Un anno di scuola* del regista triestino Franco Giraldi, tratto dall'omonima novella di Stuparich.

"J'étais dans la 5ème classe du gimnase de langue allemande à Trieste. Nous avions un professeur qui enseignait la langue allemande et la langue française et ce monsieur, ce jeune homme qui à l'époque n'avais pas plus de 30 ans, il en avait sans doute moins, étais amoureux de la langue française. Il nous avait raconté avoir frequenté un cours spécial à Dijon, en France, pour se perfectionner dans la langue française.

Ce jeune professeur a réussi à me faire tomber aussi amoureux de la langue française et à l'époque j'avais pensé: c'est drôle, nous sommes en guerre avec la France et je rencontre dans une école autrichienne un homme qui met dans mon coeur l'amour pour la langue et la literature françaises.

C'était ça l'esprit autrichien! Et lorsque je me suis rendu pour la première fois à Paris, en 1962 ou 63, j'habitais dans un hôtel près de la gare du Nord où le petit déjeuner était très abondant, sauf que le café n'était pas bon du tout. Alors j'ai pris l'habitude d'aller tous les matins dans un petit bistrot près de l'hôtel où on servait du café espresso.

La troisième fois que je rentre dans ce bistrot j'entends une des jeunes filles qui servaient le café demander à sa collègue: 'Qu'est-ce que tu penses de ce type, de quelle nationalité est-il?'. 'Je ne sais pas, je crois qu'il est belge'. J'ai été très flatté par cette affirmation, car je m'y attendais à ce qu'elle me prenne pour un italien ou un allemand et le fait qu'elle me prenne pour un belge me faisait penser que je ne parlais pas le français avec un accent italien ou allemand!".⁶¹

A proposito delle macchine da scrivere, sembrano essere una costante nei racconti di famiglia legati alla guerra, riferisce infatti lo zio Leo nel citato documentario della Rai:
"Ho avuto la cattiva idea di avere gli uffici porta a porta con il movimento indipendentista, in Corso. Così abbiamo avuto anche il piacere di essere bastonati dai fascisti dopo la fine del regime: io ero assente, perché stavo partecipando a una riunione della Camera di Commercio,

---

61.   "Frequentavo il quinto anno del ginnasio di lingua tedesca a Trieste. Avevamo un professore che insegnava la lingua tedesca e la lingua francese e questo signore, questo giovane che all'epoca non aveva più di trent'anni, ne aveva probabilmente di meno, era innamorato della lingua francese. Ci aveva raccontato di aver frequentato un corso speciale a Digione, in Francia, per perfezionarsi nella lingua francese. Questo giovane professore è riuscito a fare innamorare pure me della lingua francese e all'epoca avevo pensato: è curioso, siamo in guerra con la Francia e incontro in una scuola austriaca un uomo che m'instilla l'amore per la lingua e la letteratura francese. Era questo lo spirito austriaco! E quando mi sono recato per la prima volta a Parigi, nel 1962 o '63, abitavo in un albergo vicino alla 'gare (stazione) du Nord' dove la prima colazione era molto abbondante, peccato che il caffè fosse pessimo. Allora ho preso l'abitudine di andare tutte le mattine in un piccolo locale vicino all'albergo dove servivano caffè espresso. La terza volta che entro in questo locale sento una delle ragazze che servivano il caffè chiedere alla collega: 'Che ne pensi di quel tipo, di che nazionalità sarà?'. 'Non lo so, credo sia belga'. Mi sono sentito molto lusingato da quest'affermazione, perché mi aspettavo che mi prendesse per un italiano o un tedesco, e il fatto che mi prendesse per un belga mi faceva pensare che non parlavo il francese con un accento italiano o tedesco!".

ma quando sono tornato in ufficio ho trovato mio fratello con due denti rotti. Già dopo la guerra avevamo trovato i magazzini e gli uffici completamente devastati e le macchine da scrivere erano finite in strada. Prima erano venuti i tedeschi e avevano fatto i loro comodi, poi erano arrivati i titini che avevano portato via tutto quello che avevano trovato. La cosa divertente è che per anni abbiamo continuato a ricevere lettere dalla Serbia e dal Montenegro, perché qualcuno aveva adoperato le buste della ditta per scrivere ai propri parenti e quando non si trovava il destinatario le lettere venivano rispedite al mittente, ossia alla ditta 'Silvio Paschkes', il cui nome non era mai stato italianizzato per 'ragioni di tradizione'".

Per la storia delle macchine da scrivere del nonno Nino devo rifarmi ad alcune note prese quando ce l'aveva raccontata qualche tempo prima dell'*intervista* sul suo soggiorno nella caserma di Roiano.

Nell'estate del '44 l'Oberster Kommissar di Trieste[62] aveva pensato bene di sequestrare tutte le macchine da scrivere della RAS, delle ottime Hollerith tedesche.

"Un mero latrocinio!" dichiarava il nonno, che al fronte non era mai andato, essendo troppo giovane per la prima guerra e non abbastanza per la seconda. Non ricordo più se di sua iniziativa o su richiesta dei dirigenti della società fu deciso di mandarlo a Milano a perorare la causa di quest'ultima. L'argomentazione fatta valere dal nonno Ni-

---

62. Friedrich Rainer.

no fu questa: sotto occupazione tedesca, l'impresa assicuratrice continuava a lavorare, nel caso di specie anche per i tedeschi, come volevano questi ultimi che potesse funzionare anche per loro se non le si restituivano le macchine da scrivere? E così il nonno, grazie alle sue conoscenze linguistiche e al suo spirito diplomatico, l'aveva spuntata, meritandosi successivamente quella condanna per collaborazione col nemico.

Cito dalla decisione del 15 ottobre 1946, della Commissione Territoriale d'Appello per l'Epurazione di Trieste, relativa al suo ricorso in appello.

"La sentenza di primo grado riteneva il dottor Vellat colpevole 'di essersi dimostrato fervente nazista dopo l'8 settembre 1943 e di aver mantenuto relazioni amichevoli con gli invasori tedeschi, approfittando grandemente per fare i propri interessi personali'.

Dopo un accurato esame delle risultanze processuali la Commissione d'Appello non trova giustificata l'opinione dei primi giudici [...].

Da queste deposizioni è risultato soltanto che l'epurando a Lignano frequentava l'ambiente dei militari tedeschi e salutava romanamente e che nel febbraio 1945 era partito per Milano, ove si fermò fino all'aprile 1945, con una macchina tedesca, come egli diceva ai suoi colleghi di servizio in occasione della partenza. L'epurando ha spiegato in modo convincente che a Lignano non solo lui, ma anche altri suoi colleghi, antifascisti e antinazisti come lui, ricambiavano automaticamente il saluto romano che veniva loro rivolto da qualche sotto-ufficiale o ufficiale tedesco, conosciuti al Caffè o in occasione di suoi interventi, per ordine della direzione della RAS, presso le autorità del luogo. Il suo contatto con i tedeschi si limitò a tali interventi d'ufficio e al fatto che usava bagnarsi con un gruppetto di marinai tedeschi.

Per quanto il viaggio a Milano e la permanenza in quella città dal febbraio al 29 aprile 1945, la Commissione si è convinta, in base alle prove esaminate, che con tale assenza il dott. Vellat ha voluto soltanto sottrarsi al servizio di lavoro forzato presso i tedeschi in qualità di interprete. Già nel settembre 1944 egli aveva ricevuto il precetto di partire il 9 settembre per il servizio di lavoro. Mercé l'intervento del direttore Fieger della RAS di Vienna, ebbe una proroga della partenza di mesi due, e poi con difficoltà ancora un'ultima proroga che scadeva nel febbraio 1945. È naturale che al momento della sua partenza per Milano l'epurando non ne poteva spiegare il vero motivo ai colleghi ed è comprensibile se egli diceva che sarebbe partito con una macchina tedesca. In realtà egli partì con una macchina di Caterina Oltani, avente a bordo il conducente Egone Sanzin, la proprietaria e un'altra signora. Se il viaggio dell'epurando a Milano fosse avvenuto per ordine e nell'interesse dei tedeschi, l'epurando non avrebbe certo atteso costì la liberazione di Trieste per ritornare a casa.

È risultato che il dott. Vellat era stato un convinto antifascista, antinazista e che non ha mai avuto dei sentimenti antisemiti. Se egli avesse mutate queste idee dopo l'8 settembre 1943 e fosse divenuto un fervente nazista, il Berater tedesco di Trieste non lo avrebbe certo precettato nell'agosto 1944 per mandarlo al servizio di lavoro forzato, sia pure come interprete [...]".

E il nonno fu prosciolto.

È pur vero che fra le sue carte di famiglia esistono i certificati di nascita e di matrimonio dei suoi antenati fino ai bisnonni, da parte di padre tutti Vellat con due elle, in seguito a una richiesta del 21 novembre 1938, da lui indirizzata al parroco di Sant'Egidio, presso Maribor,[63] nel regno di Iugoslavia, a causa della "recente normativa sulla razza". Sospetto che sarà stata la RAS a chiedergli questa *verifica* visto che, come tutte le Compagnie d'Assicurazione triestine, aveva fra i suoi impiegati e dirigenti, quando non fra i suoi fondatori, non pochi esponenti della "Comunità israelita", che naturalmente si sarebbe affrettata ad *allontanare*.

Resta il fatto che fra i compagni di gite in montagna del nonno di "dimostrata fede antifascista" c'era anche Arturo Paschi, ex Paschkes – detto Tucci – "Oh Italia oh Italia del mio cuore, Tucci vieni a liberar! Quand'è che viene a liberarci lo zio Tucci?" domandava ansioso il mio cuginet-

---

63. In italiano Marburgo, città situata sulla Drava, affluente del Danubio. Con 113.000 abitanti è il secondo centro più popoloso della Slovenia dopo la capitale Lubiana. Fra i suoi cittadini illustri, l'ammiraglio austriaco Wilhelm von Tegetthof, citato più avanti nel testo.

to, quello che avevano *contrabbandato* in Svizzera quando aveva meno di un anno. Quel Tucci già prima della guerra aveva scattato delle bellissime istantanee alla figliola del Nino Vellat, Edith (poi Edittizzata) Charlotte Rina detta Mausi, allora ragazzina, che lui si portava dietro al posto della moglie, la nonna Hella poco amante della montagna.

Un giorno la ragazzina fattasi donna annunciò al padre, che per calarsi gli anni si faceva chiamare Nino pure da lei, salvo offendersi a morte se la si prendeva per la sua giovane amante, che si sarebbe sposata con quel Tucci che sciava tanto bene e faceva così belle fotografie: una tragedia! "Sì, perché tu vorresti che io rimanessi nubile per accudirti fino all'ultimo dei tuoi giorni!". "Proprio così!" confessò spudoratamente mio nonno, ammettendo una gelosia paterna che non si sarebbe mai più riassorbita nel corso degli anni. Il matrimonio tuttavia si fece.

Il Nino, nato a Trieste nell'impero austro-ungarico, nel cuore sarebbe rimasto un suddito fedele di sua altezza imperiale fino alla morte, come si può leggere in una sua lettera del 7 maggio 1996 all'onorevole Otto von Habsburg, allora deputato al Parlamento Europeo.

Sua Altezza Imperiale!
Le chiedo molto umilmente venia se, da lettore entusiasta, mi permetto di inviarLe questa lettera, quasi non mi rendessi conto del profondo divario sociale che esiste, in questo caso, fra l'autore ed il lettore. Ho appena finito di leggere il libro che Sua Altezza Imperiale ha scritto sul pro-

prio grande antenato Carlo v. Il mio piacere è arrivato all'apice nel rendermi conto che il figlio maggiore del da me venerato Imperatore Carlo I e Suo legittimo erede al trono fa parte dell'élite spirituale d'Europa. Non potevo fare a meno di ringraziare dal profondo del cuore l'autore del libro su Carlo v per la grande gioia che mi ha procurato.

Ho potuto rendere tributo all'Imperatore Carlo I nell'estate del 1918 sulla Piazza Grande di Trieste quando usciva dall'edificio del governatorato per entrare nell'auto del barone Economo, aristocratico triestino di origine greca che conoscevo personalmente.[64] Allora ero giovane e spensierato. Non immaginavo il grande dolore che pochi mesi più tardi avrebbe colpito la casa d'Asburgo.

Sono nato a Trieste nel 1901 in una famiglia fedele all'Impero. Non sono mai venuto meno a questa fedeltà, nemmeno dopo che il trattato di Saint Germain mi ha proclamato suddito dei Savoia. Da bambino ammiravo molto uno zio, giovane cadetto della marina da guerra imperiale, che morì a Pola durante un'esercitazione precipitando dall'albero maestro del veliero. Sono l'ultimo sopravvissuto della famiglia a ricordarlo. Nel 1963 all'Escorial ho visitato il sepolcro di Carlo v e di suo figlio Don Juan d'Austria, il vincitore di Lepanto. Lo stesso anno a

---

64. Per questa visita il bel libro di Livio Sirovich *Cime Irredente*, pag. 211 parla del 17 novembre 1917, data nella quale l'imperatore Carlo, trionfatore di Caporetto, fu accolto a Trieste con la consorte da una folla "delirante" per la gioia [...].

Bruxelles ho conosciuto un signore fiammingo che mi ha raccontato la storia delle Fiandre parlandomi con entusiasmo di Carlo V. Continuava a chiamarlo 'l'Imperatore'. Questo signore fiammingo mi portò a Gand, per mostrarmi il castello dove il monarca era nato nel 1500 e aveva vissuto gli anni della sua fanciullezza. Nel leggere il libro su Carlo V non potevo fare a meno di pensare a questa combinazione.

Con profonda devozione per Sua Altezza Imperiale,

Dr. Anton Vellat

Sua Altezza Imperiale, onorevole Otto von Habsburg, gli rispose personalmente in data 21 maggio 1996:

Egregio dottor Vellat,

La ringrazio molto per la sua lettera del 7 maggio, che mi è pervenuta oggi. Con essa Lei mi ha procurato un'immensa gioia. Mi rallegro di poter dedurre dalla Sua lettera che siamo sulla stessa lunghezza d'onda. Più che mai sono convinto che il nostro compito non sia finito, al contrario, nell'attuale situazione di pericolo è della massima importanza.

Vorrei però anche ringraziarLa per l'incrollabile fedeltà alla nostra comune causa e alla nostra grande tradizione.

È con questo spirito che Le invio i miei più cordiali saluti.

Otto von Habsburg

P.S. Detto questa lettera poco prima di partire per Strasburgo ed è perciò firmata a nome mio.

* * *

Il 29 settembre dello stesso anno il nonno Nino mi scriveva a mano, in caratteri stampatello molto molto stentati:

Carissima Chicchina mia,
è stata una gioia udire al telefono oggi la tua voce. Ho già consegnato le due lettere scambiate con l'arciduca dottor Ottone d'Asburgo alla Romana che possiede nel suo ufficio una fotocopiatrice. Fra due giorni ti manderò le due fotocopie. Il tuo papà ha affermato che con la mia dichiarazione di fedeltà agli Asburgo ho commesso il reato di alto tradimento verso lo Stato Italiano. La verità è che più passa il tempo più mi sento attratto dal passato asburgico cui apparteneva tutta la mia famiglia. Tratta quindi le lettere con discrezione.

* * *

Nello stesso periodo «Il Piccolo» di Trieste aveva pubblicato due sue lettere, di cui la seconda, sotto il titolo "Tolleranza asburgica, un esempio" diceva:

"Vi ringrazio per aver pubblicato la lettera in cui ricordo il gesto cavalleresco del barone Gottfried von Banfield che gli valse la nomina a cittadino onorario di Lugo di Romagna. A mio modesto avviso è giusto ricordare i fatti che onorano il passato asburgico della nostra amata Trieste.

Di lontane origini alsaziane ed elvetiche, gli Asburgo non sono mai stati nazionalisti, essi hanno sempre considerato loro dovere difendere la cultura dei popoli componenti il loro impero, fossero essi slavi, tedeschi, magiari, rumeni o italiani. Chi si ricorda oggi che il teatro alla Scala fu un dono dell'imperatrice Maria Teresa alla città di Milano? Anche il teatro di Mantova fu un dono della stessa imperatrice. Il giovane Mozart fu obbligato dal padre a dare un concerto a Mantova per conseguire il titolo di musicista della corte imperiale. Maria Teresa aveva una predilezione per la cultura italiana. Il suo ospite preferito era l'ambasciatore di Venezia con il quale l'imperatrice conversava in italiano. Quando Maria Teresa introdusse il codice marittimo in italiano ordinò pure che l'italiano fosse la lingua di comando della marina militare austriaca.

Ancora nel 1866, l'ammiraglio Tegetthof diede ai suoi equipaggi in italiano gli ordini per la battaglia di Lissa. Fu l'ultima battaglia vittoriosa della marina militare austriaca. Nei circoli di allora si raccontava che l'ammiraglio Tegetthof, colpito dall'enorme differenza di potenza esistente fra la squadra austriaca e quella avversaria, avesse chiesto al proprio capo timoniere: 'Cossa te par Nane, ghe la faremo?' e che il capo timoniere avesse risposto: 'Ghe la faremo sior ammiraglio, ghe la faremo'. Oggi che cerchiamo di unire l'Europa dobbiamo renderci conto che senza lo spirito di tolleranza linguistica, religiosa e di cultura tramandatoci dagli Asburgo non riusciremo mai nell'intento. Cioè: no ghe la faremo".

Non per niente la madre del Nino veniva dalla Carinzia e suo padre era di origine dalmata. Inoltre il cognome Velat sarebbe di origine bosniaca, stando a quanto mi riferiva il collega greco "Velas". Un vero prodotto dell'impero, insomma! Anche se linguisticamente e culturalmente la famiglia era piuttosto italo-germanica, il nonno aveva sempre avuto non pochi amici sloveni e a casa mia non si era mai sentito parlar male di *quei maledeti s'ciavi*, termine che peraltro li comprendeva tutti indistintamente. Sloveni, Croati, Serbi, Bosniaci, Montenegrini erano tutti accomunati nella loro cattiveria anti-italiana, nell'ignoranza voluta o meno delle profonde differenze linguistiche, religiose, culturali e politiche che avrebbero portato all'ennesimo recente conflitto. A casa mia si parlava male di chi parlava male dei *s'ciavi* e le discriminazioni e manifestazioni antislave venivano regolarmente condannate.[65]

Nei disordinatissimi archivi del babbo, in una cartella intitolata "Corrispondenza dopo la guerra", una sua lettera si rivolge a un misterioso "Mug". Dal seguito della lettera e della corrispondenza si deduce che trattasi di Ugo Guido Mondolfo, *erede* della direzione di «Critica Sociale», la rivista quindicinale del Socialismo fondata il 15

---

65.   Miriam Coen nel suo *Bruno Pincherle*, pag. 55, scrive: "[...] Fin dal 1953 si forma a Trieste, accanto a Pincherle, un gruppo che intende seguire la strada dell'impegno per una civile convivenza con la minoranza slava, di cui fanno parte alcuni antichi compagni della lotta antifascista come il fratello Gino, Alzetta e Paschi".

gennaio 1891 da Filippo Turati, naturalmente proibita sotto il fascismo, le cui pubblicazioni erano riprese con l'autorizzazione dell'11 agosto 1945 del Comando angloamericano in Italia.

Trieste, gennaio 1946
Caro Mug,
tu non mi conosci, ma io conosco te. Questa non vuole essere una semplice dichiarazione di rispetto e di deferenza perché leggo ciò che scrivi e una volta ho avuto occasione di sentirti parlare, c'è qualche cosa di più: ci siamo incontrati sulle pagine di un giornale. Era verso la fine del 1944 e vivevamo esuli nella stessa terra ospitale. Sui giornali era apparsa la notizia che il Maresciallo Tito rivendicava la *restituzione* della Venezia Giulia ed io che mai prima di allora avevo pensato di collaborare ad un giornale (sono nato nel 1914 e questa può essere fra le altre una spiegazione) sentii, quale triestino, il dovere di scrivere un breve articolo di precisazione e di opposizione a tali rivendicazioni.

Fu allora che tu riprendesti tale argomento in un articolo "Il compito dei socialisti" (sotto la testata "Pericoli di conflitti futuri") in cui, prima di parlare anche di un'altra regione europea in cui si fa questione di minoranze, mettevi in rilievo la necessità di reagire tempestivamente contro tale atteggiamento iugoslavo. È tale precedente che mi ha confortato nel mio intento di scriverti una lettera che può forse interessare tutti gli amici di «Critica Sociale».

Da allora molta acqua è passata sotto i ponti. Purtroppo, per ragioni indipendenti dalla mia volontà, solo qualche settimana fa sono potuto tornare nella mia città. Lo spettacolo della situazione politica che ho trovato a Trieste e che avevo tentato di seguire già da lontano è desolante e ben maggiore che nel resto d'Italia è la delusione per chi aveva la sicurezza di coltivare idee di progresso.

A Trieste non c'è una lotta fra varie tendenze politiche, non c'è che un duello continuo fra due nazionalismi esasperati, parallelo ad un cozzare del rosso con l'antirosso. È vero che gli slavi nei 45 giorni di occupazione hanno commesso violenze contro gli italiani, è vero che ne commettono ancora nella zona B (ossia nella parte della Venezia Giulia occupata tuttora dalle truppe iugoslave), ma è anche vero che i triestini ancora più che il resto degli italiani sembrano avere, come ha detto Parri, una memoria fiacca e pretendono di non ricordare le colpe di cui si sono macchiati nei confronti degli slavi. Inoltre, si può non essere comunisti, ma non si può non ammettere che per un convinto comunista sia abbastanza coerente il vedere con un certo favore – come fanno alcuni lavoratori triestini di nazionalità italiana – l'espansione di un paese che si ritiene sotto la sfera d'influenza russa e che ha un regime comunista. (Altra questione è se con ciò essi facciano il gioco di un nazionalismo della cui tolleranza si fanno eccessive illusioni).

Quello che non si può capire è come in tali circostanze ci siano dei triestini che pretendono di difendere l'italianità della regione con una specie di Sacra Alleanza Nazionalista di tutti gli italiani, non dico fascisti prima dell'8 settembre e antifascisti, ma neofascisti e badogliani, collaboratori e partigiani, democratici e bastonatori, galantuomini e profittatori. Mentre invece sembrerebbe intuitivo che l'italianità di queste regioni si difenda in un modo solo: dimostrando che gli italiani non sono più quelli del fascismo, ma uomini di progresso e di libertà, uomini che sanno rispettare la nazionalità altrui e che vogliono anzitutto avviarsi su una via di democrazia politica e di rinnovamento sociale. La propaganda degli slavi e dei comunisti locali che taccia di fascista tutto ciò che è italiano è puerile – e la frequenza dei telegrammi spediti abusivamente a nome di Trieste o di tutta la regione non sembra aumentare la sua efficacia – ma è altrettanto puerile il modo in cui la stampa italiana locale pretende di demolire il comunismo e la Russia comunista, per cui si può avere più o meno entusiasmo, ma in cui anche gli avversari devono riconoscere oggi uno dei fattori essenziali della politica mondiale.

C'è invece a Trieste un foglio democristiano che pretende di combattere comunismo e slavismo speculando ancora sul fattore religioso e citando – con un'impudicizia ed un realismo veramente poco cristiani – episodi di orrori che sono evidentemente frutto di una fantasia malata. Si può leggere un settimanale, grande fautore dell'Unione Sacra di tutti gli italiani e paladino della nostra civiltà, che approva addirittura le bombe contro le sedi del partito comunista.

Succede poi anche ad un giornale che pretende di rappresentare il Partito d'Azione di farsi cogliere a parlare del bolscevismo come si faceva al tempo del Tripartito. C'è inoltre – last but not least – quello che dovrebbe essere il quotidiano degli Italiani, che si chiama «La Voce Libera» e passa per portavoce del locale Cln, che sembra preferire la Spagna di Franco alla Iugoslavia di Tito e fa una necrologia di Ugo Ojetti e ne riparla il giorno dopo esaltandolo come politico, dimenticandosi di ricordare – a parte altri piccoli nei – la vicepresidenza dell'Accademia repubblichina. Tanto per citare gli esempi che ho sottomano.

Gli iugoslavi falsano talvolta a scopo di propaganda la situazione etnica della regione, ma per questo è il caso di riaprire polemiche sulla Dalmazia? Proprio recentemente un amico reduce da Londra ci ha fatto presente quanto danno facciano nell'opinione alleata le esagerazioni della propaganda; lasciamo dunque sbagliare gli altri e badiamo a non commettere gli stessi errori. Non si sarà mai ripetuto abbastanza che non si combattono gli stolti nazionalismi ponendosi su un terreno nazionalista.[66]

Ora quello che è più doloroso in questa situazione è la poca influenza non dico del partito socialista, ma si potrebbe dire in generale del socialismo, dell'idea socialista.

---

66. Livio Sirovich, op. cit., pag. 155, parlando di Angelo Vivante, storico austro-marxista che amava arrampicare sulle falesie della costiera triestina e in Val Rosandra, scrive: "Nel 1912 Angelo temeva lo scontro fra i nazionalismi come uno dei mali peggiori".

Quanto al Partito d'Azione non voglio riaprire la polemica sul socialismo in questo partito: certo che a Trieste la sua fisionomia risente della presenza di un compatto gruppo di vecchi repubblicani, per cui la questione è più problematica che altrove. Ho preso l'ardire di scriverti perché penso che tutto ciò possa interessarti se già durante la guerra tu ritenevi un compito dei socialisti il battersi per una pace giusta e sicura quale non sarebbe quella che assegnasse la Venezia Giulia alla Iugoslavia. Quanto al modo di condurre questa battaglia mi sembra che, nella situazione attuale, sia proprio compito dei socialisti il convincere tutti i lavoratori triestini che non solo da una Iugoslavia di Tito essi possono sperare comprensione per i loro bisogni e le loro aspirazioni, ma anche, e più, da un'Italia democratica quale noi desideriamo;[67] sia compito dei socialisti dimostrare che un'Italia veramente democratica saprà avere pieno rispetto delle minoranze che resteranno eventualmente al di qua del nuovo confine orientale, che essa non vuole si distacchi dal confine etnico di più di quanto assolutamente richiesto da esigenze geografiche ed economiche.

Tutto ciò potrà sembrare a qualcuno in questo momento più di interesse locale che nazionale, ma così non è. Mi ricordo come già durante la guerra un amico socialista mi avesse detto di essere convinto della necessità di inte-

---

67. Angelo Vivante era certo che i proletari non si sarebbero lasciati armare gli uni contro gli altri solo perchè parlavano lingue diverse.

ressarsi alla Venezia Giulia perché qualsiasi ingiustizia patita dall'Italia in questo campo sarebbe stata esca per le correnti reazionarie e nazionaliste, in altre parole per il fascismo che è ancora sempre in agguato. Basta dare un'occhiata ai giornali che tali correnti rappresentano per vedere quanto speculi su tali motivi chi non ha una parola da dire al cuore delle masse.

Ma la *Greuelpropaganda*[68] e l'intransigenza dei nazionalisti non possono salvare l'italianità di Trieste e della Venezia Giulia. Questo è proprio un compito dei socialisti".

* * *

A cosa si riferiva esattamente il babbo quando parlava incredulo di *Gruel* ed orrori? Se erano stati possibili i campi di sterminio, perché non dovevano esistere le foibe, essendo ormai stato dimostrato che la perversità umana non aveva limiti?

Scriveva sul «Corriere della Sera» Claudio Magris l'11 febbraio 2007:

"[...] ogni parte politica tende non solo a nascondere i crimini compiuti in suo nome o comunque collegati con la sua ideologia, ma anche a rimuoverli, a ignorarli veramente, in un'orrida buona fede che è il risultato di un assiduo auto-ottundimento morale. È accaduto con le foibe e con tante altre tragedie e delittuose violenze alle frontiere orientali d'Italia; è accaduto con i crimini commessi dagli italiani

---

68. Propaganda a base di notizie raccapriccianti.

contro gli slavi, anch'essi rimossi e cancellati, e l'elenco potrebbe continuare [...]. Sulle foibe, tanta sinistra – comunista e non solo comunista – ha taciuto... forse... perché... quei morti assassinati non potevano venire usati – blasfemamente – come un'arma politica. A ricordarli erano, inascoltati, pochi democratici e soprattutto partiti e gruppi di estrema destra che li ricordavano in modo sbagliato, regressivo e oggettivamente profanatorio, per riattizzare quegli odi nazionalisti antislavi che erano stati in parte all'origine della storia conclusasi con quei crimini".

* * *

Il 30 gennaio 1946 Ugo Mondolfo aveva risposto da Milano a mio padre:

Caro Paschi,
come vedrai, ho pubblicato la tua lettera nella «Critica» del 1° febbraio, facendola precedere da poche righe mie. Se in seguito la situazione di Trieste richiederà nuova illustrazione per qualche mutamento che dovesse avvenire, mandaci pure un altro tuo scritto.
Per l'invio della rivista al Centro di Cultura Politica, ho accolto la proposta dell'amico Usellini, facendone spedire due copie, una delle quali gratuita, l'altra a pagamento al prezzo che abbiamo mantenuto per tutto questo mese di £. 320 per l'anno corrente, mentre dal 1° febbraio l'abbonamento annuale è cresciuto a £. 380.

Se vorrai collaborare anche su altri argomenti, ci sarà sempre gradito pubblicare qualche tuo scritto.
Molti cordiali saluti, col desiderio di conoscerti presto personalmente.

Ugo Mondolfo

* * *

La sua lettera in effetti il babbo non l'aveva inviata direttamente a Mondolfo, bensì gliel'aveva fatta pervenire tramite l'amico Guglielmo Usellini,[69] cui scriveva:

Trieste, 13 gennaio 1945[70]

Carissimo Guglielmo,
come vedi ci ho messo del tempo, ma finisco col mantenere la parola.
Ti mando intanto una lettera per Mondolfo che penso potrebbe essere pubblicata dalla «Critica Sociale». Il punto di vista che vi è espresso è su per giù quello di tutte le persone di una certa intelligenza che però si sono rivelate in questo momento a Trieste una minoranza particolarmente esigua. Gli animi sono ancora sovraeccitati, ciò che

---

69. Guglielmo Usellini (1906-1958). Intellettuale, giornalista, politico. Nel 1935 venne sospeso da ogni attività per aver criticato l'ordinamento delle Esposizioni d'arte. Arrestato, riuscì a sottrarsi alla deportazione entrando in Svizzera l'8 dicembre. Federalista e socialista, vicino a Ignazio Silone e a Silvio Trentin, fu redattore della pagina italiana di «Libera Stampa». Nel dopoguerra fu nominato segretario dell'Unione Europea dei Federalisti.
70. Palese errore di data nella lettera di mio padre, deve trattarsi del '46.

non è assolutamente giustificato dalla attuale situazione ma che, molti ti dicono, è dovuto al passato. Il fatto è che tutti quelli che tornano a Trieste dopo una lunga assenza hanno le stesse impressioni ed è probabile che vedano giusto perché sono più obiettivi, mentre è umano che gli altri agiscano ancora per reazione a quello che hanno vissuto […]. Capisci che in tale situazione in cui ci sono pochi che hanno dei meriti di concreta attività antinazista da vantare e molti che hanno piccole o grandi colpe da farsi perdonare, sia facile ad affermarsi la tendenza alla Sacra Unione per la difesa dell'italianità di Trieste, che invece dovrebbe essere condotta esclusivamente sul terreno sociale, per poter guadagnare i comunisti di nazionalità italiana e poter far intravvedere agli slavi la possibilità di un sincero rispetto della loro minoranza […]. Tutto ciò ha fatto sì che gli slavi in un certo momento si son sentiti tutti i diritti e hanno continuato ad imperversare anche dopo l'occupazione Alleata.

Ora con la normalizzazione della situazione da parte degli Alleati, si va naturalmente ristabilendo il vero equilibrio fra le due nazionalità, che a Trieste non occorre dirlo quale sia, ad onta dei molti recentemente immigrati, sia come emissari di Tito, sia come profughi per incompatibilità politica o anche solo "sociale" con il suo regime. Naturalmente, anche ad essere comunisti si fa una cattiva speculazione a fare affidamento su un comunismo portato dalla Iugoslavia, perché ad esso si sovrapporrebbe un esasperato nazionalismo non certo tenero verso gli italiani in questo momento e inoltre è innegabile che il loro livello medio di cultura, di preparazione politica e amministrativa, diciamo pure di civiltà, è troppo inferiore al nostro. (sic!)

Quello che è necessario aver sempre presente è che, qualunque sia la soluzione che verrà data dal punto di vista internazionale e che comunque verrà dall'alto, gli slavi e gli italiani sono destinati a convivere in questa regione e tutto quello che si fa per una conciliazione è opera sacrosanta [...]. Capirai che, essendo questa la situazione, si hanno grandi scrupoli su quello che si fa bene e quello che si fa male a fare per le proprie idee. È per questo che solo ora ho finalmente varata la lettera per Mondolfo a cui naturalmente potrai sottoporre anche la presente, come pure a chiunque si interessi dell'argomento.

Tanti saluti a Comencini, che mi dispiace di non aver visto al mio passaggio.

A te un abbraccio

P.S. Dimenticavo di parlarti di un argomento che mi sta a cuore e di cui ti ha forse accennato la Ada Franellich. Si tratta del "Centro di Cultura Politica" sorto per iniziativa del dott. Bruno Pincherle nostro vecchio amico che conosci di fama. Vuol essere un punto d'incontro di tutte le persone che aspirano sinceramente ad un rinnovamento della nostra vita in senso veramente democratico. La sua attività consiste in conferenze con successivo contradditorio che hanno destato molto interesse anche se in alcuni intelligenti ambienti concittadini si parla probabilmente di "covo dei rossi" o qualche cosa di simile. Tanto per illuminarti sull'ambiente ti dirò che, mentre un redattore della «Voce Libera», di cui parlo a Mondolfo, era sempre invitato, non ne parlavano mai sul giornale. Ultimamente, o perché ricevono sempre critiche sul loro atteggiamento e quindi qualcuno si è fatto parte diligente, oppure perché il tono della conferenza era più gradito, si sono decisi a parlarne. Si trattava dell'avv. Flora – fratello di Francesco – che ha parlato della storia d'Italia in senso crociano confutando Mario Bonfantini. È l'unico ambiente della città in cui puoi vedere accanto qualche "comunslavo" e addirittura qualche liberale o democristiano. Ti ricordo che qui i comunisti non fanno parte del Cln e non hanno loro rappresentanti negli enti locali, per cui mi pare che tutto quel poco che si riesce a fare è opera sacrosanta.

Avevo già pregato la Ada di dirti se era possibile avere per questo Centro di cultura politica – via Rossini 4, un abbonamento gratuito alla «Critica Sociale» (sarebbe opportuno avere anche gli arretrati). Ti prego di dirmi se ciò non è possibile perché lo faremo senz'altro a pagamento.

Ti sarò grato se un'eventuale pubblicazione sulla «Critica» avvenisse più presto possibile perché non finisca per apparire sotto l'uno o l'altro aspetto estemporanea.

Credo che ti manderò anche qualcosa di mio per «La Lettura», se sei sempre di quell'idea.

In attesa di leggerti anche con le tue impressioni personali sul tutto, rinnovo i saluti.

* * *

Gli aveva risposto da Milano il 1° febbraio Guglielmo Usellini:

Carissimo Arturo,
ho ricevuto la tua del 13 gennaio. Il tuo articolo mi è piaciuto molto. L'ho passato subito a Mondolfo, che lo pubblicherà nei prossimi numeri di «Critica Sociale». Tanto questa rivista che «La Lettura» saranno inviate in omaggio al Circolo di Cultura di Trieste. Appena lo riceverai, ti prego di darmene conferma. Quanto mi scrivi sulla situazione costì mi ha assai impressionato e, per quanto sta in me, vorrei fare tutto il possibile per aiutarvi. In uno dei prossimi numeri, daremo su «La Lettura» un articolo di Piero Nardi su Trieste, che è una diretta dimostrazione della sua italianità. Ma, evidentemente non basta. Un articolo in cui si riflettesse, e la situazione politica e quella sociale ed economica della vostra città, potrebbe avere per noi un grande interesse. Ne «La Lettura» che esce oggi troverai un articolo di Mario Gromo su Torino, che è veramente felice sotto questi riguardi. Prendilo un po' come esempio, tenendo però conto, beninteso, che la parte politica, nel caso di Trieste, può essere assai più sviluppata.

Interessanti i ritagli che mi hai mandati, ma se tu potessi farci avere, con una certa regolarità, giornali e riviste che si pubblicano costì e che toccano delle varie situazioni, questo ci potrebbe essere utile non solo per la rivista, ma anche per il giornale. A questo proposito, so che il «Corriere» ha inviato costì Carlo Terron, suo redattore, che è anche un mio amico. Cercalo, perché egli è partito in fretta e io non ho fatto in tempo a dargli le lettere di presentazione per te e Pincherle, come eravamo intesi.

Tutti gli amici ti ricordano e ti salutano e io ti stringo cordialmente la mano.

Guglielmo Usellini

* * *

Il 12 febbraio 1946 il babbo gli rispondeva:

Caro Guglielmo,
La lettera a Mondolfo, come hai visto, è uscita sulla «Critica» e ti ringrazio per l'interessamento.

«La Lettura» arriva al Centro e te ne sono molto grato. «La Critica» invece no e, da quanto mi ha scritto Mondolfo, mi pare di avere capito che a un abbonamento a pagamento intendeva aggiungerne uno in omaggio. Comunque, se non arriverà, credo che faranno l'abbonamento.

Aspetto di leggere l'articolo di Nardi su Trieste e quello di Gromo su Torino per vedere se sono capace di metterti insieme qualche cosa come desidereresti. Come sai io non sono un giornalista e probabilmente finirò col passare la mia vita con l'aiutare mio fratello ad importare caffé dal Brasile o vendere zucchero cecoslovacco in Africa o riso indiano in Cecoslovacchia,[71] ma proprio se farò ciò sarò un

---

71.   Lo zio Leo nel citato documentario Rai aveva detto: "Lavoravamo in esportazione di riso italiano, in transito di riso di altre provenienze, zucchero

tipico triestino e nulla mi impedisce di tentare di fare qualche cosa anche per la mia città. Scrivere un articolo per un giornale è invece una cosa del tutto differente, perché ci possono essere delle cose che andrebbero benissimo dal punto di vista giornalistico e che possono essere viceversa dannose per gli scopi che si hanno in mente [...]. Chiunque poi vuole essere illuminato sul periodo della Resistenza è bene che legga con molta attenzione gli articoli sulla Venezia Giulia e Trieste apparsi nel numero di dicembre di «Mercurio» che probabilmente avrai già visto. Se leggi attentamente «L'ora di Trieste» di Quarantotti Gambini, ottimo scrittore, ma non altrettanto ottimo antifascista, troverai fra le righe la conferma di quanto ti ho accennato nella mia precedente e la spiegazione dell'attuale situazione, specialmente se tieni conto che vi sono nominati uno che, sia pure per poco tempo, ha diretto un giornale in periodo neofascista, un altro che bene o male era stato federale di Grado, ecc. ecc. Vi si nomina il podestà neofascista che molti triestini difendono con gli identici argomenti con cui si possono difendere Pétain o Laval.

Basta per oggi. Tienti per te le mie malignità, perché se no quando certi triestini avranno ricostituito le squadre d'azione potrebbero ricordarsene...

Molto cordialmente tuo,

Arturo

---

in esportazione dai Paesi danubiani verso il Mar Rosso e la Turchia o la Grecia, importavamo caffè destinato ai Paesi del nostro retroterra e all'Italia". (Allo scoppio della guerra il Tucci si trovava in Albania per affari).

* * *

In risposta a Mondolfo il babbo scriveva il 22 febbraio:

Caro Mondolfo,
Ti ringrazio per la pubblicazione della mia lettera. Sono ancora convinto dell'opportunità di un atteggiamento del genere di quello che vi esprimevo, specialmente in contrasto a quello degli italiani, che dalle colpe e dagli errori altrui sembrano trarre la convinzione della necessità di ripetere le colpe e gli errori del passato. Tuttavia voglio completare e rettificare le mie prime impressioni sulla situazione locale e in particolare su come si comportano gli slavi e comunisti. Prima di tutto per quanto riguarda la situazione in Istria, un vecchio socialista, sempre rimasto intransigente antifascista, rispettato dagli slavi e dai comunisti che conoscono il suo passato e che egli ha sempre aiutato in tutti i modi nel periodo tedesco – quindi una persona assolutamente degna di fede – è voluto venirmi a trovare dopo aver letto sulla «Critica» la mia lettera, per dirmi che in linea di massima condivideva il mio atteggiamento, ma che gli sembrava che trattassi troppo bene i comunisti e gli slavi (di cui veramente parlavo ben poco) e che, quanto al mio sdegno contro chi osava mettere sullo stesso piano la Iugoslavia di Tito e la Spagna di Franco, egli voleva solo raccontarci che un suo colono slavo (egli è un agricoltore per la sua perizia tecnica) gli aveva detto in confidenza che "questi erano ben peggio dei fascisti" […].

Del resto dell'aria che spira si sarà ben accorto il vostro Basso[72] venuto qui per un comizio. Naturalmente tutto ciò così come sta non è destinato alla pubblicazione. Mi riservo di tornare eventualmente in merito. Il movente di questa mia è un altro. Il vecchio socialista che nomino sopra, a seguito della pubblicazione della mia lettera, ha creduto di dover ricorrere a me, che non sono iscritto al P.S. e che per ragioni di persone sono portato ad allontanarmi ancora da voi dopo la scissione del P.d.A.,[73] per esservi presentato.

Si tratta del dott. Carlo Nobile; già abbonato alla vecchia «Critica» e ora abbonato alla vostra per interposta persona a Trieste, perché dimorante nella "zona B" dove il giornale non gli perverrebbe (anche questo vi illumini sulla situazione!). Era iscritto al Psi in periodo prefascista e si è reiscritto ora, è stato primo sindaco socialista di Capodistria dopo l'altra guerra.

Il dott. Nobile ha scritto degli articoli sul problema agrario per il locale giornale socialista ed un abbozzo di progetto di riforma che però qui viene trovato troppo poco ortodosso. Egli desidererebbe sapere se avreste interesse a pub-

---

72.   Lelio Basso (1903-1978). Politico. Arrestato nell'aprile 1928 per la sua adesione all'organizzazione clandestina "Giovane Italia" subì tre anni di confino a Ponza. Nuovamente arrestato, dopo l'8 settembre 1943 entrò nella Resistenza costituendo il Movimento di Unità Proletaria che confluì nel Psiup. Membro della "Commissione dei 75", partecipò alla stesura della Costituzione.
73.   Qualche anno più tardi mio padre avrebbe preso la tessera del Partito socialista italiano mantenendola sino alla morte.

blicare tale abbozzo oppure qualche suo articolo, che sarebbe naturalmente della stessa intonazione. Vi accludo pertanto il tutto facendovi presente che qualunque pubblicazione dovrebbe essere sottoscritta solo con le iniziali.

Aspetto quindi tue notizie in merito e ti saluto molto cordialmente.

Arturo

III
FAMIGLIA

Nonostante l'apertura della famiglia verso gli slavi (sia pure "di civiltà inferiore"...!!!) e la Iugoslavia comunista (conosco più d'uno che dopo la guerra non ha mai voluto mettere piede oltre confine, chissà se ci vanno adesso che non esiste più) pochi anni più tardi nessuno di noi sarebbe stato esente dal facile sarcasmo della società consumistica nei confronti della scadente qualità di tutto quello che veniva prodotto nei paesi comunisti, per cui si parlava ridendo e con non poco disprezzo di *yugo-cola, yugobenz, yugo-sigarette, yugo-caffè* (il caffè cosiddetto turco non sarebbe stato male, era proprio la qualità della materia prima che lasciava a desiderare). Per non pochi anni si continuò a espatriare in "zona B", che Iugoslavia ancora non era, per comperare a buon mercato carne durissima piena di scarti e benzina di qualità molto discutibile.

Nelle osterie del Carso il cibo aveva comunque mantenuto la sua qualità contadina e si *espatriava* anche per fare delle belle escursioni coronate da scorpacciate di ottimi prosciutti e formaggi, "strucoli" di spinaci, di mele o di ricotta, "gnochi con sugo de rosto", "luganighe" fatte in casa, polli fritti e scampi "rosti", il tutto innaffiato da Terrano o Malvasia e pagato pochi dinari. Fosse per andare in gita, fosse per fare compere, fosse per rimpinzarsi a basso costo (se si pagava in lire il prezzo scendeva ulteriormente) il babbo soleva dire: "Mi ogi vado de là", quasi a significare *in quell'altro mondo*, oltre quel confine che da provvisorio sarebbe divenuto definitivo per poi scomparire del tutto, dopo che tanto sangue e tanto inchiostro aveva fatto versare, compreso l'inchiostro della sua penna. Alla morte di Ferruccio Parri scrive il babbo su *Lettera ai Compagni*:[74]

"Chi ha appartenuto alla Resistenza, in occasione della scomparsa di Parri non può non sentire il dovere di rivolgere un reverente pensiero alla sua memoria e di ripensare a quello che egli ha significato per tutti noi. Il suo insegnamento resta ancora oggi essenziale per chi, appartenendo alla generazione successiva alla sua, pur essendo stato educato nel ventennio, ad un certo punto è riuscito – al di là dell'ambiente familiare e sociale in cui viveva – a trovare chi lo traesse dalle perplessità e lo illuminasse per il futuro: e si trattava di uomini a lui vicini. Molte cose uno ignaro come me le ha sapute solo dopo il momento dell'azione. Ma quello che ci tengo a dire è che tale insegnamento può avere maggiori significati per un triestino. Basti pensare all'insistente reducismo intollerante della minoranza locale in cui

---

74. Cfr. *Lettera ai Compagni*, Federazione Italiana Associazioni Partigiane, Anno XIV, n. 2, Febbraio 1982, pag. 23, titolo dell'articolo: *Al di là della frontiera a parlare con gli italiani rimasti*.

siamo vissuti ed alla scoperta tardiva che l'antifascista Parri era un pluridecorato della prima guerra (parola certamente sconosciuta a lui e a chi gli era vicino).

A questa scoperta si aggiunge il triste ricordo della cattiva accoglienza ricevuta a Trieste in occasione della sua prima visita in questo dopoguerra.[75] Solo chi gli era vicino in quel periodo può ricordare che egli ci incoraggiava ad andare al di là della frontiera 'a parlare italiano con gli italiani rimasti'. Lo stesso vale per le calunnie nei confronti suoi, di suoi amici e del Clnai per quanto riguarda cedimenti in materia del confine orientale mai avvenuti. A questo proposito quello che posso testimoniare è che egli aveva sempre presente questo problema, ma lo considerava con una visione realistica e storica del momento e non con cieca intransigenza nazionalistica. Nel 1944, in occasione del suo passaggio per la Svizzera con la *missione*[76]

---

75.   Nel citato articolo su *Lettera ai compagni* Anno XIII, n. 7-8, Luglio-Agosto 1981 scrive il babbo: "Altri incontri ho avuto con lui dopo la guerra ed in primo luogo ricordo quando l'ho accompagnato in macchina ad un comizio di Unità Popolare in un teatro assediato dai fascisti (definizione che a Trieste ancora più che altrove va prolungata nel tempo) ed appariva chiaro che la cattiva accoglienza non lo aveva certamente intimidito né scosso nella sua fede e nella sua ansia d'impegno e di azione".
76.   La Missione del Clnai completata da Edgardo Sogno, comandante della brigata autonoma "Franchi" quale esperto tecnico militare, iniziò il 10 novembre 1944 e si concluse il 19 dicembre. In una serie di incontri a Caserta, a Monopoli e a Roma il Comando Alleato riconobbe il Clnai come legittimo rappresentante del Governo del Sud nei territori occupati e concesse un finanziamento di 160 milioni al mese alla Resistenza da ridistribuire secondo l'importanza delle formazioni partigiane. Una seconda Missione venne effettuata dal 6 al 26 aprile 1945.

che assieme a Pajetta[77] e Pizzoni[78] lo portava nel Sud, gli avevo chiesto che soluzione intravvedesse per il futuro: mi aveva risposto – con sul volto l'espressione di un'addolorata preoccupazione – 'Fiume è persa, Trieste si salverà, l'Istria è in bilico'. La soluzione è stata peggiore di quella che si poteva sperare, anche se è ormai ampiamente dimostrato che più che la linea di confine conta la reciproca tolleranza e la convivenza civile. Ma quello che è certo è che la soluzione non fu certamente dovuta a Parri o a chi gli era vicino, ma viceversa proprio a posizioni opposte, di cieca intransigenza che alla fine hanno costretto il governo italiano ad adeguarsi ad una soluzione degli Alleati, mentre di più si sarebbe potuto ottenere trattando fin dall'inizio con la Iugoslavia. Non è un mio giudizio arbitrario. Amici ben più qualificati di me appaiono convinti che questo sarà il giudizio della storia".

---

77. Giancarlo Pajetta (1911-1990). Politico. Comunista sin dalla prima età, fu arrestato dai fascisti nel 1933 e condannato a 21 anni di carcere. Liberato dopo il 25 luglio 1943, entrò nella Resistenza. Membro del Clnai, eletto dopo la Liberazione nell'Assemblea Costituente, fu deputato del Pci per diverse legislature.

78. Alfredo Pizzoni (1894-1958). Avvocato, alto dirigente del Credito Italiano di cui nel dopoguerra divenne presidente, combattente della 1ª guerra mondiale, decorato al valore militare con la medaglia d'argento, ufficiale dei bersaglieri nel secondo confitto, subito dopo l'8 settembre con Poldo Gasparotto tentò di dar vita alla Guardia Nazionale per difendere Milano dall'occupazione tedesca, progetto fallito per l'indisponibilità del Comandante della Piazza generale Vittorio Ruggero. Entrato nella Resistenza, presidente del Clnai, mantenne intensi rapporti con gli Alleati riuscendo nell'impresa di ottenere notevoli finanziamenti. Per questo passò alla storia come "il banchiere della Resistenza".

Aveva raccontato il babbo nell'intervista a Silva Bon: "[...] L'altro giorno ero a sentire De Michelis vicino a uno che lavora in porto, di mediocre cultura [...]. Si trattava del problema fra italiani e sloveni, adesso non ricordo con esattezza, comunque lui parlava di uno che considerava sloveno solo per il fatto che avesse il cognome in *ic*, il che è una sciocchezza locale triestina perché, a parte Stuparich, io avevo la grammatica del Gaidanic. Questo tale, quando gli dissi che ero italiano, però lo informavo che ero ebreo, mi disse: 'Ma tu sei o italiano o ebreo [...]'".[79]

Noi avevamo peraltro tutta una serie di parenti (ebrei) croati, come ha scritto Enzo Bettiza in *Esilio*:

"In piccolo, su scala municipale, i Pasches[80] e i Morpurgo di Spalato fecero quello che i Rothschild di Francoforte, di Parigi e di Londra avevano fatto su scala europea: i membri di una stessa famiglia si separarono per aderire, a seconda dell'opzione, alle idee e alla cultura di un gruppo nazionale contro le idee e la cultura dell'altro. La dinastia ebraica più ricca, quella dei Pasches, [praticamente per censo e scelte politiche i Paschkes sarebbero stati dei Rothschild in miniatura! *nda*] molto amici della

---

79. "Ma allora tu ti senti più ebrea che italiana [...]", ha osservato tempo fa una mia amica di una certa cultura che conosce il mondo. In un documentario su Nicholas Winton, lo "Schindler" inglese che salvò centinaia di bambini ebrei cèchi dai nazisti, uno di questi, ormai anziana signora, dice nell'intervista: "Noi ci sentivamo cèchi, non pensavamo neppure di essere ebrei".
80. Cfr. Enzo Bettiza, op. cit., pag. 450. L'autore dimentica la "k" e scrive Pasches.

nostra famiglia, si scisse in un ramo latino e in un ramo slavo. La mia coetanea Dora Pasches [prima cugina del Tucci *nda*], sedeva accanto a me sugli stessi banchi della scuola elementare italiana di Spalato; i suoi cugini, come d'altronde anche i miei, sedevano contemporaneamente sui banchi di una scuola croata".

Faceva parte del ramo Paschkes che optò per l'allora regno di Iugoslavia Gustavo, fratello di mio nonno Silvio, padre di Mario e Gastone. Racconta Mario nelle sue memorie:[81]

"Nacqui da padre italiano e da madre austro-bosniaca. Venni al mondo con la nazionalità italiana e frequentai la scuola elementare italiana per alcuni anni finché, nel 1931, mio padre si fece naturalizzare iugoslavo e io incominciai a frequentare la scuola iugoslava".

Fin da giovane Mario doveva essere stato un bellissimo ragazzo – "El meio toco de la familia!" – lo definiva la Mausi, che insisteva nel considerare tutti gli uomini Paschkes e Morpurgo poco attraenti. A 13 anni, all'epoca del Bar Mitzvah, la "prima Comunione" degli ebrei, Mario era alto e robusto e mostrava molto di più della sua età, ma portava ancora le calze corte. Socio pure lui di un Club alpino – tradizione di famiglia, evidentemente – durante una gita in montagna aveva attirato l'attenzione di una piccoletta che forse aveva già incontrato su una spiaggia di

---

81. Cfr. *Recordações* di Mario Paschkes in carte private di Rossella Paschi, Trieste.

Spalato, Split a quell'epoca. Il binomio mare-montagna era chiaramente comune a Trieste e Spalato-Split. Era scoppiato il grande amore e si erano poi fugacemente rivisti una volta rientrati in città. Tornata a scuola, la piccolina aveva raccontato del travolgente colpo di fulmine alle compagne di scuola che, con in testa Giuliana Hartman – poi sposata Morpurgo – cugina di Tucci e Mario, le avevano sfatato il mito rivelandole che lui portava ancora le calze corte. Ed era stata la fine del grande amore.

Pochi anni dopo l'esercito italiano occupava Split che riprendeva il nome di Spalato e, racconta Mario: "Questo regime fascista all'inizio ebbe la collaborazione di molti italiani di religione israelita, ben vista da Mussolini. Solo molto più tardi fu obbligato da Hitler ad adottare misure anti-semite. Tanto che molti ebrei di Spalato si salvarono grazie all'amministrazione italiana". Altri fascisti non cattivi?...

In quel periodo venne a mancare il papà di Mario e la famiglia dovette abbandonare la lussuosa villa Paschkes, che più tardi i nazisti avrebbero requisito per farne il Quartier Generale della Gestapo, trasferendosi in un modesto appartamento. In seguito a un lancio di bombe durante un concerto della banda italiana in piazza, che aveva provocato dei morti, l'amministrazione italiana aveva preso in rappresaglia degli ostaggi, fra cui nostro cugino Aldo Morpurgo, decretando il coprifuoco.

Per ammazzare il tempo durante le lunghe ore del coprifuoco Mario aveva escogitato un giochino ispiratogli dalle lezioni di fisica. Sua mamma Carolla disponeva di uno di quei mobili da toeletta che da bambina tanto ammiravo in casa della nonna Ada, con un grande specchio centrale e due laterali più piccoli, pieno di cassetti e cassettini per tenerci belletti e gioielli. Mario faceva esperimenti sulla dilatazione della pupilla, accendendo e spegnendo la lucetta che illuminava il mobile e seguendo allo specchio il lento dilatarsi e rispettivamente restringersi della sua pupilla. Una sera vennero ad arrestarlo, pensando che stesse lanciando segnali in Morse luminoso ai partigiani delle montagne. Come il nonno Nino ospite dei titini, così Mario ha conservato un ricordo quasi piacevole della sua detenzione. La mamma gli portava da mangiare le sue leccornie preferite, durante l'ora d'aria ci si godeva il sole e si chiacchierava con gli altri detenuti, fra cui il cugino Aldo Morpurgo e gli altri ostaggi catturati per rappresaglia, insomma, "si stava in buona compagnia". "Praticamente – scrive Mario – la mia detenzione finì col rivelarsi un'esperienza sociale gratificante".

Anche Bruno Pincherle raccontava che lui e suo fratello erano stati arrestati e mandati in un campo di concentramento "esperienza utile perché ci mise in contatto con antifascisti di tutta Italia [...]".[82] Cesare Fonda da parte sua dichiara che: "... se se la passa come quando che se xe in tola coi amici giusti".[83] Mario ammette di essere stato trat-

---

82.   Cfr. Monica Rebeschini, *Bruno Pincherle: interventi e scritti politici*, Edizioni Piazzetta Stendhal, Trieste 2004, pag. 89.
83.   Cfr. Cesare Fonda, *Ocio a la Jota. Storia de Trieste e de la sua cusina*, Edizioni Italo Svevo, Trieste 2004.

tato bene e interrogato civilmente durante la prigionia e alla fine liberato, grazie a una sua ex – successiva al Grande Amore – in quel momento amante di un militare italiano, il quale comunque si era reso conto che i segnali luminosi non potevano andare al di là della finestra di fronte.

Quando la situazione si era fatta più grave – suo fratello Gastone morirà da partigiano – Mario aveva abbandonato Spalato per l'Italia dove ancora una volta, dopo l'armistizio, sarebbe stato assistito da un "fascista non cattivo" che gli avrebbe consigliato di lasciare immediatamente Montecatini per andare più a Sud, in direzione delle truppe alleate. Dopo la guerra Mario, passato un breve periodo a Roma, era emigrato in Brasile, aveva sposato l'ebrea russa Sonia – a cui una zingara di San Paolo aveva predetto tutto, tanto da dover traslocare perché assediata dalle amiche nubili della sposa – e con lei aveva messo al mondo Mauro e Gastone, che ormai sono gli unici a poter tramandare il cognome Paschkes, sia pure in un altro continente, che in caso di brasilianizzazione forzata potrebbe diventare "Pasquinhos". I Morpurgo cugini dei Paschkes avevano optato per restare in Croazia. Aldo in realtà era poi emigrato in Palestina. Mio nonno Silvio si trasferì prima a Fiume e poi a Trieste.[84]

Dopo la guerra Bruno Paschkes aveva raggiunto anche lui la Palestina con la moglie viennese Flora, la madre ce-

---

84. Lo zio Leo era nato a Spalato. Anche il nonno Nino aveva peraltro alcuni ascendenti spalatini.

coslovacca Margit (nostra 'Tante' Margit) e la sorella Dora, che in Palestina avrebbe sposato uno *Schwarzen*, come mi spiegava sua figlia, la mia cugina israeliana Nily, ossia un ebreo di origine egiziana: a prescindere dal contenzioso con gli arabi in Israele ci sono comunque cittadini di prima e di seconda categoria, quelli di origine africana e medio-orientale essendo di seconda categoria rispetto a quelli di origine occidentale. In Palestina era finito pure il cugino Renato Hartman, fratello di Giuliana, con la moglie croata, cattolica convertita per amore.

Con Aldo, Bruno, Renato e Mario abbiamo sempre comunicato in italiano senza difficoltà, ma Renato e Mario si consideravano di lingua croata. La cugina Giuliana, rimasta a Spalato e vedova di Bepi Morpurgo, che in origine non era nostro parente, l'ultima volta che le ho telefonato faceva ormai fatica a parlarmi in italiano e con i suoi figli Zoran e Neno comunico in inglese. In inglese comunicavo a suo tempo anche con Nily e suo fratello Dany, ma ormai che lei è diventata svizzera ci parliamo in tedesco, che è la lingua madre di suo marito, israeliano nato nella parte attualmente rumena della Bukovina. Suo padre, ai tempi dell'occupazione russa della regione, era stato imprigionato in quanto "capitalista". Poi erano venuti i tedeschi e lo avevano arrestato in quanto ebreo. Dopo la guerra era stato di nuovo detenuto non si sa più perché e nel 1950 si era rassegnato a emigrare in Israele.

A casa mia nessuno si è nemmeno mai sognato di parlar male dei tedeschi, a parte il rifiuto assoluto di mio padre di mettere piede sul suolo germanico e la sua riluttanza a passare le ferie in Austria, eccezion fatta per eventuali brevi soggiorni sciistici.

Un'unica volta mia madre era riuscita a trascinare la famiglia per le ferie estive di un mese a Krumpendorf, sul Wörthersee, in Carinzia, dove lei aveva trascorso le felici estati della sua infanzia al "Bahnhof-Hotel" (Alla Stazione) di proprietà della famiglia della mamma del nonno, splendido albergo poi svenduto per inerzia alla speculazione edilizia, perché la mia bisnonna aveva deciso di lasciare la natia Carinzia per trasferirsi a Trieste, nella speranza di recuperare l'amore del marito navigatore e ormai bigamo. La bigamia del bisnonno ci aveva lasciato in eredità la zia Esty, sorellastra del Nino, che viveva a Cagliari con il marito sardo, non aveva figli e ci voleva molto bene, riempiendoci di regali ogni volta che veniva in visita. La Esty aveva una sorella, la Emy, ma la Emy non veniva presa in considerazione dalla famiglia perché, pur chiamandosi Vellat, si vociferava che non fosse figlia del bisnonno Emilio.

Delle sue indimenticabili vacanze a Krumpendorf la mamma favoleggiava sempre, raccontandoci di quando, a cinque anni, se n'era uscita di casa col cane lupo Pipsi e, una volta rientrata, ai rimproveri di sua madre che le rinfacciava di essersene andata a spasso da sola alla sua età, ma cosa le era venuto in mente, aveva risposto tutta fiera e sicura del fatto suo: "Ma non ero da sola, ero con il Pipsi!". O di quando la nonna Hella, nota per la sua audacia con le vipere, che invece stranamente terrorizzavano mia madre nonostante questo coraggioso Dna, aveva dichiarato di aver incontrato una vipera bella, ma così bella [...] le aveva comunque infilzato la testa con un bastone e poi aveva chiamato il Pipsi perché la finisse.

Mia sorella Silvia è stata di recente a Krumpendorf ed è riuscita a mercanteggiare per ottenere l'unica cartolina sopravvissuta, così almeno sosteneva il negoziante, che ritrae il "Bahnhof-Hotel", riuscendo a scendere a 25 euro anziché 50 in cambio di un opuscolo d'epoca del medesimo albergo che aveva trovato in più copie nel fondo di un cassetto del nonno Nino.

Della nonna Ada, la mamma del Tucci, non mi risulta che si fosse mai opposta al matrimonio del babbo con una *goyà*,[85] per di più mezza tedesca e arianissima che più ariana di così non si può. Famoso era sempre stato in famiglia l'aneddoto di quando, essendo il babbo ancora uno scapolo incallito, le avevano proposto come nuora una bruttissima signorina ebrea piena di soldi. La nonna aveva risposto: "Ma la xe 'sai bruta!". "Signora, ma la beleza pasa!". "Sì, ma la bruteza resta!".

E mia madre era bellissima: Romy Schneider, Ingrid Bergman e Grace Kelly facevano a gara a chi le assomigliasse di più.

In compenso, dichiarava categoricamente il papà, "Un omo no ga de eser bel!", quasi vantandosi di non essere

---

85. Femminile del termine *goy* con cui gli ebrei indicano i non ebrei.

bello, mentre la mamma, prendendolo in giro, confermava di aver sempre preferito "i omini bruti". In realtà, in una sua foto di gioventù di un vecchio album, a me pare un gran bel ragazzo e non mi stupisce che la signora Anita avesse soggiaciuto al suo fascino, fatto peraltro di *humour* e simpatia più che di estetica, regalandogli una primogenita *clandestina* riconosciuta Paschi a tutti gli effetti di legge, ma a noi tenuta nascosta fino a inoltrata maggiore età. Il Tucci era un uomo molto spiritoso, una delle sue battute da me preferite era sempre stata "*Mutatis mutandis*, ovverossia dopo essersi cambiato le mutande", più tutta una serie di *collages* fra proverbi, del tipo: "tanto va la gatta al lardo che s'infarina", "il diavolo fa le pentole, ma i cocci sono suoi", "chi rompe paga e ci lascia lo zampino", "chi si loda nulla stringe", "chi troppo vuole s'imbroda" e via dicendo [...].

Oltre a sostenere che "un omo no ga de eser bel" il papà è sempre stato convinto che "l'omo ga de eser 'sai più vecio dela dona!" e forse è per questo che non ci ha pensato nemmeno a impalmare la Anita, che aveva un paio d'anni più di lui, preferendole la Edith Charlotte Rina detta Mausi, di ben 13 anni più giovane.

La Mausi era nata a Trieste in Italia, ma alla scuola elementare era stata una cittadina italiana di lingua tedesca, perché il nonno Nino parlava tedesco con la nonna Hella, di Ludwigshafen sul Reno. La mamma aveva la signorina d'italiano come noi avremmo avuto quella di tedesco e avrebbe imparato l'italiano andando a scuola. La nonna

Hella, poco incline a uscire e frequentatrice essenzialmente di signore germanofone come lei, non avrebbe mai imparato l'italiano, se non uno stentato triestino scambiato con le donne delle pulizie e il garzone della spesa.

Se qualche rara volta parlava in *lingua*, come si dice a Trieste, con me e mia sorella, era solo per riguardo verso le donne di servizio, da noi generalmente italiche, friulane o meridionali. "Ti sei messa i pantofoli?". "Guarda oggi qvanti nuvoli!" e via dicendo. Il nonno si sarebbe rivolto a lei in tedesco anche per la strada quando, passeggiando a braccetto di una delle proprie amanti, l'avesse incontrata per disgrazia in una delle sue rare uscite, scappellandosi e inchinandosi come con una lontana conoscente di alto rango. "'Habe die Ehre, gnädige Frau!".

Un'altra signora, che evidentemente di lei ben poco sapeva, l'aveva pur ammonita vedendola invece, cosa straordinaria, a spasso col dottor Vellat: che si guardasse bene da costui, uno dei peggiori play-boy della città!

La nonna Ada era anche lei una vera triestina austroungarica: di lingua italiana, parlava bene il tedesco e comunicava col marito e i figli in triestino, sia pure quello più *fino* della borghesia. Era di famiglia ashkenazita, ma masticava a malapena qualche parola di *yiddish*.[86] Le ri-

---

86.   Lingua vernacolare delle comunità ebraiche dell'Europa centrale e orientale, dette "ashkenazite". È una lingua germanica derivata dal tedesco, con apporti ebraici e slavi. Le comunità ebraiche originarie della penisola iberica, poi comunque emigrate verso l'Olanda, l'Italia, la penisola balcanica, la

cerche effettuate dalla mia terza cugina Alida Bauer, figlia della figlia di sua sorella Vittorina, risalgono per le origini della famiglia a quel periodo in cui i privilegi doganali e commerciali concessi al porto e alla città di Trieste dalla casa d'Austria avevano attratto nella regione innumerevoli immigrati d'ogni origine, fra cui non pochi ebrei.

Nel 1730 nasce dalle parti di Gradisca un Isach Luzzatti, che nel 1758 diventa padre di Baruch (Benedetto), il quale sposa Bersabea Morpurgo. Con questo matrimonio la famiglia acquisisce la casa di Gradisca conosciuta come la "Casa dei Provveditori Veneti", che risale al '500 ed è attualmente monumento nazionale ospitante un'enoteca.[87]

La casa portava lo stemma dei Luzzatti, ora scomparso, composto da un gallo, uno spicchio di luna e tre stelle. Questo stemma pare che rappresenti la città tedesca di Lausitz da cui dovrebbero provenire i Luzzatti, italianizzazione appunto di Lausitz.

Fra i tanti figli di Baruch, Raffael David, nato nel 1791 e morto in questa casa nel 1855, sposa Stella, che a sua volta mette al mondo una vasta progenie, fra cui Anna detta Rosaglia (sic!), nata il giorno della morte di Napoleone, il 5 maggio 1821. Rosaglia si sposa con Giulio Epstein, nato non si sa dove nel 1805, e da questo matri-

---

Turchia e il Nordafrica, sono definite invece "sefardite" e parlano il "ladino", miscuglio di antico spagnolo ed ebraico, da non confondersi con il ladino delle valli alpine. Ci sono anche differenze liturgiche fra le due comunità.
87.   Nei secoli precedenti era vietato agli ebrei avere proprietà immobiliari.

monio nascono Rodolfo, Riccardo, Benedetto (detto... "Detto"!), Leontina e Betty, che viene alla luce nel 1856 a Pecs, in Ungheria.

Nel 1878 fa la sua comparsa Ferdinando Fischer, nato nel 1848 a Szala Eggerszek, pure in Ungheria, così chiamato in onore dell'Imperatore che in quegli stessi giorni aveva abdicato a favore del nipote Francesco Giuseppe. Nel 1879 Ferdinando e Betty si sposano e si stabiliscono a Trieste, dove nel 1876 Ferdinando aveva aperto nell'attuale via Roma, vicino al Canale del Ponterosso, il negozio di chincaglierie "Bazar Viennese", poi chiuso nel 1915. Testimonianza del loro amore una poesia di Ferdinando, scritta sulla carta da lettere del Bazar Viennese, in cui le prime lettere dei versi formano il nome Betty Epstein.

"Beim erwachen aus nächtlicher Ruhe,
Erscheint mir dein Schatten im Traumgesicht,
Tönnt silberhell deine hulde Stimme; ich suche
Tappend, aber ich finde dich nicht.
Ich fühle den Geruch deiner rosigen Lippen,
Ergreife mit Sehnsucht deine zarte Hand,
Plötzlich seh'ich den Schatten verschwinden,
Sehe und fühle mir die kalte Wand.
Theurer Engel Sehnsucht meiner Liebe
Einzig geliebtes Wesen mein.
Immer Wahrheit, reine Herzenstriebe
N (*testo indecifrabile*)... soll unsere Liebe sein".

"Al risveglio dal riposo notturno
mi appare come una visione la tua ombra,
risuona argentina la tua voce graziosa; cerco
a tentoni, ma non ti trovo.
Sento il profumo delle tue rosee labbra,
afferro con struggimento la tua mano delicata,
all'improvviso vedo l'ombra sparire.
Vedo e tocco la fredda parete.
Angelo più caro, brama del mio amore,
unico essere da me amato.
Sempre verità, puro ardentissimo amore
N (… …) dev'essere il nostro affetto".[88]

Da questo ardente amore erano nati tre figli e tre figlie, fra cui la mia nonna paterna Ada Fischer.

Il padre di mio padre, il nonno Silvio, era stato cittadino austro-ungarico di lingua madre ungherese, che però parlava bene anche il tedesco, l'italiano e l'ebraico. Era nato a Fiume da Bernardo, originario di Mako in Ungheria, e Giulia Bernheim.[89] Aveva vissuto buona parte della sua gioventù a Spalato con i genitori e i fratelli Alberto,

---

88. La traduzione della poesia è di Livio Vasieri, marito di Alida Bauer.
89. Risulta dal «Corriere Israelitico» che fra il 25 dicembre 1875 e il 25 gennaio 1876 si erano sposati a Trieste Abraham Bernhard Paskesz, figlio di Maria Klein e di Michele Paskesz (che suona molto più ungherese, non si sa perché, dove e quando la trascrizione in Paschkes) e Giulia Bernheim, triestina, figlia di Samuel Bernheim e Bellafior detta Bellina Fano, nata a sua volta da Lazzaro Vita Fano e Consola detta Annetta, figlia di Jacob Muntzen.

Arturo, Gustavo, Enrico, Mitsho, Lidia e Mary nonché Guido, che sarebbe stato ripudiato dal padre perché convivente fuori dal sacro vincolo del matrimonio per di più con una *goyà*. Dei tre figli nati da questo poco ortodosso legame uno morirà da partigiano mentre un altro verrà fucilato in quanto partigiano.

Enrico e Mary avrebbero sposato due fratelli, rispettivamente Margit e Robert Hartman. Da Enrico e Margit sarebbero nati Dora e Bruno; da Roberto e Mary Renato e Giuliana.

Tabagista della prima ora, il "povero Silvio", come lo chiamava la nonna, era morto di enfisema polmonare quando il babbo aveva diciassette anni. Di lui gli unici aneddoti che ricordo, trasmessi peraltro dalla sua nuora *goyà*, erano quelli della nonna Ada che, in occasione di serate danzanti in cui lui era restio a muovere anche un solo passo, lo supplicava: "Bala Silvio, bala!" O, in occasione di passeggiate in automobile, lo incitava: "Sona Silvio, sona!".

Il 29 dicembre 1950 io sarei venuta al mondo in uno stato dai confini ancora da definire, tant'è che al momento della fatidica uscita alla luce ingurgitavo il muco che mi avvolgeva e quasi soffocavo: che fosse stato da parte mia un inconscio tentativo di sottrarmi a una valle di lacrime dai contorni così incerti?

Non dimentichiamo che, come tanti altri triestini, sono italiana per caso, essendo di fatto nata nella "zona A" di quello che sarebbe dovuto diventare il Territorio Libero di Trieste sotto l'amministrazione anglo-americana, ufficialmente Governo Militare Alleato. Ricordo ancora il passaggio di confine con l'Italia propriamente detta, subito dopo il ponte sul Timavo, poco dopo Duino, quando ci chiedevano se avessimo qualcosa da dichiarare come a ogni confine di Stato che si rispetti, a pochi chilometri da dove, nel viaggio di rientro a Trieste del babbo dopo la guerra, era stata questione di documento giallo, documento azzurro, documento in quattro lingue.

Racconta da parte sua il cugino Mario Paschkes che nel suo periodo romano, alla fine del conflitto, aveva avviato un commercio di sapone per biancheria fabbricato a Trieste da uno iugoslavo, di qualità ben superiore a quella del sapone che si poteva trovare a Roma. La migliore qualità era dovuta al fatto che la città di Trieste, separata dal resto d'Italia sotto l'amministrazione anglo-americana, era molto meglio approvvigionata di materie prime. Un altro prodotto che Mario importava da Trieste erano pelli di volpe, pure di provenienza iugoslava, in quel momento di gran moda e molto ricercate dalle romane, che "facevano ottimi affari con tutti i gradi del ricco esercito Alleato, nonostante la nostalgia che i bravi soldati avevano del loro focolare [...]".

Nel mio tentativo di evadere a quest'incertezza di patria io ero dunque nata tutta blu e asfittica; ahimé mi salvarono e Bruno Pincherle, anche lui felicemente rientrato dalle vicissitudini della guerra, dichiarò categoricamente che ero molto intelligente, ma avrei dato non poco filo da torcere ai miei genitori. Secondo Umberto Saba, Bruno Pincherle era "la sola persona che – a Trieste – capisca qualcosa (non tutto)": sì, ero nata con la camicia, ma gliel'avrei fatta pagare cara. E proprio a Bruno la mamma rinfacciava di avermi rovinato i nervi con le levatacce notturne per succhiarle controvoglia le tette, tant'è che doveva darmi il *Simpatolo* per tenermi sveglia perché anziché poppare mi addormentavo. Ora pare non si usi più: il bebé mangi quando ha fame e la madre stia a disposizione.

Di Bruno Pincherle, "zio Bruno" in famiglia nostra, "zio Bruco" in famiglia sua, sopravvivono nella memoria e anche sulla carta, nelle case di chi ha avuto la fortuna di frequentarlo, gli spiritosissimi ironici disegni, alcuni dei quali pubblicati in libri che trattano di quest'originale figura di uomo e di medico. Irresistibili erano le sue caramelle, di cui più che la dolce azione cariogena (forse pensava che, tanto, noi bambini i denti li avremmo persi comunque) m'impressionavano i graziosi disegnini di zucchero colorato che le guarnivano ("sembravano murrine", dice Miriam Coen). Famose erano le sue dichiarazioni perentorie tipo la già citata "fascista, ma no cativo". Lui conosceva qualche "ebreo de fronte al qual me sento antisemita", che per la zia Paola era un "ebreo tossico che contamina la razza". Inoltre si disperava perché: "Questo papa xe una rovina!". "Questo papa xe pessimo per la causa!" intendendo che papa Giovanni XXIII era troppo buono e quindi troppo popolare, la causa essendo quella di una società rigorosamente laica.

Lo zio Bruno/Bruco, intellettuale bibliofilo, appassionato studioso di Stendhal, personalmente tutt'altro che praticante in materia di esercizio fisico, era tuttavia molto scandalizzato, e aveva protestato ufficialmente presso chi di dovere, perché la ginnastica, in gergo burocratico 'educazione fisica', regolarmente prevista fra le materie d'insegnamento dalla prima elementare in poi, veniva di fatto totalmente negletta nella scuola italiana del dopoguerra, magari satura dell'eccesso opposto di prima della guerra. Ai nostri genitori però, che si ostinavano persino a toglierci da scuola per portarci sui campi da sci, rinfacciava scettico: "Sto sport no pol far ben!".

E a sciare si andava con un altro grande amico dei genitori, che aveva peraltro provveduto a proteggere gli affari della famiglia durante la guerra, il quale sosteneva filosoficamente: "Meio due setimane a Zermatt che una domenica a Ravascletto!".[90] Manifestava idee politiche diverse da quelle del babbo, ormai iscritto al partito socialista per il resto dei suoi giorni, e per prendere in giro il Tucci gli urlava in faccia il suo credo: "A morte i poveri, incrementare l'analfabetismo, sparare sulla folla inerme mirando soprattutto alle donne e ai bambini!". Per non parlare del suo cinico: "Qua ghe vol una bona guera!", quando le piste di sci erano sovraffollate. Ma il *non plus ultra* del suo

---

90. Stazione turistica del Vallese svizzero da sempre molto rinomata e alla moda, mentre Ravascletto era all'epoca una stazione "sciisticamente sottosviluppata" della Carnia.

cinismo erano i "cervelletti katanghesi", delizia gastronomica servita da mia madre nei suoi succulenti inviti a cena, composta da piccoli bigné farciti di un delizioso ragù alla besciamella.

Oltre allo sci la sua altra grande passione era il bridge, che andava a giocare al "Circolo della cultura e delle carte" (Circolo della cultura e delle arti...), facendosi beffe degli interessi culturali del Tucci, interessi così poco condivisi, che a Zermatt non erano mai riusciti a portarlo al Museo della montagna: "Cossa volè 'ndar veder mudande sbregade de omini morti!". Era un buon giocatore e, se il caso lo accoppiava con uno meno provetto, gli rinfacciava: "Lei, signor, la ga una palida idea de questo zogo!".

Questo era "Deciuti re dei persuti", che sperava di "morir de pieneza de stomigo" e dichiarava solennemente che "Pan magna i poveri e salata magna le cavre!", contando impazientemente le ore che passavano fra un pasto e l'altro, ma negli ultimi anni di vita dovette rassegnarsi a una dieta strettissima e finì con l'arrendersi a un cancro "malizioso" ai polmoni, frutto di tabagismo giovanile. Ricordo una delle sue ultime battute una volta che, a spese del Nino perché il Tucci era ormai diventato povero, ero andata a sciare con la mamma e i suoi amici al Sestriere. La mamma, partendo qualche giorno prima di me, aveva raccomandato a Decio di non prendermi troppo in giro, "Te prego Decio, sia bon con ela...". "Sarò bon con ela..., – aveva replicato sardonicamente –, bon come el pan... durante la guera!".

"Meio sudar che toser" era un suo detto adottato dal Tucci che ho fatto mio a mia volta. Oltre a essere freddolosa come il Tucci, soprattutto nei momenti di calo della pressione o degli zuccheri, ho ereditato da lui l'originale sensazione del "no so se go de gaver caldo o de gaver fredo", per cui anche la semplice vita quotidiana si risolve in un continuo "cava e meti, cava e meti", ovverossia "spogliarsi e rivestirsi, spogliarsi e rivestirsi".

Questa curiosa sensazione del "non sapere" se si ha caldo o freddo deve ricollegarsi direttamente al Dna della nonna Ada, la quale spesso dichiarava: "No so se go de star in pensier, coss' ti disi, go de star in pensier?". Insomma, "devo o non devo preoccuparmi?".

Il 10 dicembre 1953, a dieci anni di distanza dal giorno in cui nostro padre sarebbe dovuto morire, veniva al mondo la mia sorellina, di cui fui subito tanto gelosa da cercare in tutti i modi di ucciderla, facendola cadere dal seggiolone e addirittura, mi dicono, cercando di buttarla giù dalla finestra. Il mio cervello di bambina era talmente machiavellico, come aveva giustamente intuito lo zio Bruno, da riuscire a farla piangere in modo che accorresse qualcuno a cui chiedere un bicchiere d'acqua, per non fare la figura della rompiballe che andava in giro per la casa alla ricerca di qualcuno a cui chiedere un bicchiere d'acqua.

Quando Trieste s'imbandierava del tricolore, nell'ottobre del 1954, io ero probabilmente occupata a escogitare qualche maniera più sicura di eliminare la mia rivale.

Era difficile per noi anche solo sospettare che fosse finita da poco una guerra destinata a lasciare tanti strascichi. Il babbo continuava a dare sfogo alla sua passione per la fotografia approfittando dei facili soggetti a portata di mano: moglie, figlie, cani e non aveva mai abdicato alla sua attività politica nonostante gli impegni mondani, culturali, sportivi e famigliari.

L'11 novembre 1953, un mese prima che nascesse la mia sorellina, aveva inviato una lettera alla Presidenza della Lega Nazionale:

"Poiché si è presentato il vostro esattore con la tessera di codesto sodalizio, devo chiarire la mia posizione nei Vostri confronti. Ricordo di aver sottoscritto una scheda di adesione subito dopo la guerra, quando si riteneva che la massa delle adesioni avrebbe potuto sostituire un plebiscito per l'annessione di Trieste all'Italia, che desidero oggi come allora.

Per qualche anno non mi fu però presentata la tessera, mentre successivamente la respinsi perché non potevo condividere alcuni atteggiamenti di parte assunti dalla Lega, che consideravo fra l'altro dannosi alla Causa del ritorno di Trieste in seno alla Madrepatria. Per queste ragioni non desidero far parte della Lega Nazionale e Vi prego pertanto, ove sia il caso, di considerare la presente come una lettera di dimissioni. Tutto ciò vale anche per mia moglie Editta Paschi. Mi dispiace profondamente di dover inviare la presente proprio in questi giorni, dopo i

recenti dolorosi lutti,[91] ma ritengo mio dovere essere coerente con le mie idee.
Distinti saluti".

Arturo Paschi

Vero è che il babbo, con tutte le sue attività, si è sempre lamentato: "Mi gavessi bisogno de giornade de 48 ore!". In realtà in famiglia aveva delegato tutto alla Mausi e se facevamo i capricci si metteva a gridare: "Mamma, le bambine sono cattive!". Il suo senso del disordine era talmente radicato da averlo trasmesso irrimediabilmente a figlie e nipoti nessuno escluso ("È mai possibile che nessuno abbia ereditato il senso maniacale dell'ordine del Nino?" brontola ancora oggi la Silvia) e quando non trovava più le sue cose urlava: "Mama, le robe me fa dispeti!". "Chi me ga fato ordine che no trovo più niente?".

Fatto sta che le bambine erano accudite dalle bambinaie, la casa dalla domestica e i vestiti dalla sarta. La mamma, la Silvia e io sembravamo vivere nel mondo delle fiabe, bambinaie a parte, da me detestate.

Il Tucci, che fiero della moglie giovane e bella ci teneva a esibirla e comunque a dividere con lei ogni istante del suo tempo libero, meno le ore consacrate a "salvare l'Italia", come lei definiva ironicamente la sua attività politica, le im-

---

91. Vedi nota 58 in cui si parla degli scontri di piazza per il ritorno di Trieste all'Italia. Nella prima pagina del «Giornale di Trieste» del 6 novembre 1953 si legge a caratteri cubitali: "La polizia spara sulla folla inerme".

pose di affidarci fin da piccole a delle bambinaie, in modo da essere sempre fresca e pimpante per uscire con lui. Una in particolare, certa Dora, pare ch'io la respingessi in modo categorico scalciando e urlando: "No Dora, no Dora!". Evidentemente volevo la mamma e solo la mamma, ma a quanto pare la mamma era riservata al Tucci.

Il primo impatto con una realtà differente lo avrei avuto andando a scuola, dove fra le compagne si contavano non poche profughe istriane, tutte timide e vergognose, la Mariarosa puzzolente e grassissima nonostante la miseria, la Lucia magrolina e macilenta bionda bionda con gli occhi azzurri che pareva proprio la più adatta a fare l'angelo del Presepe. E se loro erano delle povere profughe istriane molto cattoliche, io ero una ricca protestante figlia di un ebreo, ma mi sentivo accomunata a loro dal semplice fatto di essere *diversa*, sia pure di una diversa diversità.

Nei primi anni di scuola ho sofferto moltissimo della mia *diversità* religiosa, soprattutto con la maestra piuttosto bigotta in una scuola italiana del dopoguerra improntata a un cattolicesimo esasperato. Per fortuna avevo il permesso di andare alla messa d'inizio e di fine anno scolastico, per il resto ero esonerata dal frequentare le lezioni di religione, con mia grande vergogna: non solo non eravamo cattolici, ma pure miscredenti! Una sola volta all'anno la famiglia tutta intera, nonni compresi, si recava nella chiesa evangelica in occasione della "Festa del Ringraziamento", (il "Thanksgiving Day" degli anglosassoni), perché mia sorella Silvia e io avremmo recitato poesie religiose e offerto al Signore i doni della terra che Lui ci aveva procurato. Ero fiera di poterlo raccontare in classe.

Fossi almeno stata ebrea, come il babbo, gli zii e i cugini e tanti amici dei genitori: ancora non sapevo perché, ma gli ebrei sembravano degni di una particolare considerazione, proprio come quelle povere profughe istriane senza casa, senza soldi e quasi senza cibo, che spiccavano appunto per questo loro *status*, mentre tutte le altre compagne di scuola si confondevano in un'anonima normalità che non poteva che lasciare indifferenti.

Un'unica volta, quand'ero già un po' più grandina, sentii una ragazzina dichiarare di un'altra, di cui stava elencando tutte le pecche, che "come se non bastasse era pure ebrea!". Ingoiai il rospo e non dissi nulla né a lei né ai genitori, che tra l'altro frequentavano i suoi pur considerandoli "fascisti". Evidentemente, erano "fascisti, ma non cattivi"! [...]. Non cattivi, ma in un qualche modo pur sempre antisemiti all'insaputa dei miei: chi altro poteva aver inculcato nella ragazza l'idea che "essere ebrei" fosse un così grave difetto? E a proposito di *difetti*, gli ebrei sembravano avere anche un altro tratto in comune con gli istriani, peraltro condiviso pure da scozzesi e genovesi, per cui non lo nominerò, limitandomi a riferire la battuta di una mia amica: "Perché ti vedi Franca, mi fino a 18 ani pensavo che ierimo poveri, solo dopo go capì che ierimo istriani!".

Per restare in tema di povertà, questa aveva anche un suo fascino immaginifico: ogni mattina costringevo mia sorella a giocare alle "bambine povere", una vera tortura per lei, che non si poteva nemmeno portare al cinema perché piangeva solo a vedere i cartoni animati di Walt Disney.

La povertà stava dietro l'angolo di casa, nel borghese rione di Sant'Andrea ricostruito dopo la guerra, impersonificata in "Emilio Barbon", dalla lunga barba grigia e dal lugubre abito nero, che portava a spasso i suoi averi in scatole di cartone – quella volta si usavano ancora come valige più che come camere da letto – e aveva uno dei suoi tanti domicili in un vialetto del vicino Passeggio Sant'Andrea. Il pubblico giardino di Sant'Andrea, che "nei tempi migliori del loro amore" era stata una delle mete predilette da Emilio e Angiolina per le loro passeggiate in *Senilità*,[92] i cui viali appartati continuavano a ospitare discretamente gli amoreggiamenti di coppie legittime e non, era ormai lasciato all'abbandono e in preda alle erbacce e alle cacche dei cani, fra cui la nostra boxer, l'eroica Cita. La Cita la mamma l'aveva voluta prima che nascessi io, che ero stata concepita durante un romantico week-end a Vienna in barba a Ogino-Knaus. Era una gran compagna di giochi per noi bambine, che ci andavamo a cavallo e la tormentavamo in tutti i modi, ricavandone in cambio bavose leccate riconoscenti. In montagna si faceva le salite arrancando sotto la seggiovia, dalla quale noi la incitavamo appollaiati sul seggiolino, la Silvia in braccio alla mamma e io in braccio al papà.

---

92.   Uno dei tre romanzi di Italo Svevo.

A Trieste, una volta accantonate con soluzione "provvisoria" le diatribe internazionali, la vita era ripresa come prima, scandita dal mare, dal Carso e dai monti. A Trieste, anche se era ritornata definitivamente in Italia, non si andava al mare, bensì *al bagno*, in tutte quattro le stagioni. Molti amavano tuffarsi nel golfo anche in gennaio, magari non proprio nelle giornate di bora.

Racconta una nostra amica ebrea che persino durante la guerra, sfollata ad Aquileia, soleva venire a Trieste e andare all'Ausonia, prima dell'8 settembre, naturalmente. Ci si bagnava dunque all'Ausonia o al Savoia, non lontano da casa nostra, anzi così vicino che noi ci andavamo a piedi. In origine i bagni erano stati due, separati, e naturalmente di volta in volta uno dei due era stato più *chic* dell'altro. Alla fine li avevano uniti con un lungo pontile con grande soddisfazione di tutti, a incominciare dagli emigrati triestini in Australia che ne avevano fatto il loro punto d'incontro preferito: la contesa su quale dei due fosse più elegante non aveva più motivo di essere. Gli adepti dell'uno potevano passare un paio d'ore nel proprio angolino preferito e poi fare un giro d'ispezione dall'altra parte per vedere "chi c'è e chi non c'è".

Sì, perché a Trieste farsi vedere *al bagno*, muscolosi gli uomini seducenti le donne, possibilmente in affascinante compagnia, ed essere opportunamente abbronzati tutto l'anno, d'estate per il mare d'inverno eventualmente per lo sci, è sempre stato un obbligo di carattere sociale imprescindibile. Nello stabilimento a suo tempo denominato Savoia esiste tuttora un posto di pochi metri quadrati molto ambiti, soprattutto all'inizio della stagione quando soffia un po' di brezza, perché è riparato dalle adiacenti cabine nonostante guardi verso il mare aperto, non per niente lo chiamano California. C'è anche chi cambia appostamento a seconda della stagione o a seconda della temperatura, mentre altri sono così attaccati al proprio posto da ritenerlo quasi riservato e offendersi se per caso qualcuno, casualmente più mattiniero un giorno, glielo soffia.

Negli anni '50 i poveri andavano alla Lanterna, bagno comunale adiacente agli altri due e praticamente gratuito, cosiddetto *Pedocín*, da *pedócio*, che vuol dire pidocchio, ma anche cozza. Pedocín perché ci andavano i poveri pidocchiosi, perché era frequentato dai militari, a quanto pare pieni di pidocchi pure loro, o perché si stava ammassati gli uni sugli altri come le cozze? Certamente il soprannome è derivato per assonanza dal più antico nomignolo *ciodín* con cui s'indicava questo stabilimento talmente misero da non essere neppure provvisto di spogliatoi, dove gli indumenti venivano appesi ad un chiodino infisso nel muro, *ciodín* appunto. Quella volta era quasi una vergogna andarci, adesso invece è diventato di moda, è frequentato anche da persone eleganti e si è proposto di eliminare la netta divisione fra uomini e donne, ereditata da un passato non molto lontano, in quanto ancora negli anni trenta la separazione era molto rigorosa e imposta per legge. Nemmeno le associazioni sportive, club "privati" se vogliamo, si sottraevano alla morale corrente. Racconta Antonella Caroli, ne *L'Adria nella storia del canottaggio triestino*[93] che "Il 13 ottobre del 1931, nella seduta direzionale, il sig. Ruzzier riferisce di aver visto, presso il bagno Ausonia, i soci Oberwerger e Levitus portare sullo *sculler* delle signorine a scapito del decoro sociale".

In una nota del Commissariato di P.S. del 26 giugno 1930 si rileva che il responsabile del bagno Ausonia non si attiene alle norme prescritte dalla licenza:

"Nessuna disposizione è stata data al personale dello stabilimento per la divisione dei due sessi, i quali, per consuetudine, cercano di mischiarsi sia nelle vasche che sulle terrazze per i bagni di sole. Finora la divisione dei maschi dalle donne si è ottenuta soltanto mercé l'interessamento dei carabinieri, ivi permanentemente comandati di servizio, ma tali interventi, oltre a nuocere al decoro dell'Arma, distoglie i militari stessi dai compiti veri e propri di polizia e della vigilanza necessaria per la prevenzione e la repressione dei reati".[94]

---

93.   Membro dell'Adria era pure il nonno Nino, che da lì si spingeva nelle sue vogate nel golfo durante la felice annata della sua epurazione. A pag. 182 del volume citato figura una sua foto con la didascalia: "Socio della vecchia guardia, amante della montagna (forte sciatore e alpinista), è l'immagine dello sportivo di razza e di come il canottaggio si può praticare senza limiti di età. Uomo di grossa cultura, laureato in matematica attuariale, è stato per mezzo secolo una colonna portante della RAS. Per l'Adria è stato un grande trascinatore nell'organizzare le lunghe gite domenicali. Per il suo attaccamento ai colori sociali, resta tuttavia un vivido esempio per le nuove generazioni. La sua presidenza fu di breve durata essendo il suo un governo di transizione".
94.   Antonella Caroli, *Gli stabilimenti balneari Ausonia, storia e immagini di un bagno storico di Trieste*, Campanotto Editore, Udine 1996, pag. 63.

Di recente era dunque stata proposta anche per la Lanterna l'eliminazione di quest'antica segregazione sessuale, ma non si sa se le vecchie che vogliono continuare a esibire le tettone pendule o gli uomini che vogliono continuare a usufruire di un ampio spazio riservato a "quatro gati" (leggasi pochi eletti), fatto sta che qualcuno si è opposto e gli incontri fra esponenti dei due sessi continuano ad avvenire al largo, con la corda di separazione in mezzo. Pure qui, forse ancora più che al Savoia-Ausonia, gli *habitués* hanno il proprio posticino riservato e guai a chi glielo frega, anche se è lì dall'ora di apertura.

Ci sono comunque delle specie di *turni* e, arrivando a mezzogiorno, si può sperare che si liberi il posto occupato da qualche anziana o da una mamma con bambino piccolo. Bisogna comunque adattarsi: le anziane prediligono un angolo che va bene fuori stagione in quanto riparato, ma col solleone estivo diventa una fornace, le mamme con bambini preferiscono la spiaggetta proprio a pelo d'acqua e qualche volta la marea, anche se non è quella del Mont Saint Michel, fa razzia di asciugamani e quant'altro trova.[95]

Ci si bagnava come tuttora ci si bagna sul lungomare di Barcola, negli stabilimenti balneari attrezzati, come l'antico a suo tempo molto elegante e persino dotato di teatrino Excelsior o ai popolari Topolini, con grande gaudio de-

---

95. Si veda la divertente commedia in dialetto *Sariandole* di Roberto Curci.

gli automobilisti di passaggio, che oltre all'incantevole panorama possono ammirare le famose bellezze triestine al bagno, sode flessuose sportive abbronzate e per di più con i seni al vento. Pensare che, il sia pur lontano 5 agosto 1905, le guardie di P.S. di Barcola riferivano nel loro rapporto n. 136/I.R. che "Un impiegato di Pirano e un costruttore edile di Trieste, entrambi soci della società dei canottieri Nettuno a Barcola, furono denunciati da una guardia di P.S. perché la mattina del 5 agosto del 1905, 'vestiti di sole braghette di bagno', furono sorpresi con un battello a sbirciare nel reparto donne del bagno Excelsior di Barcola".[96]

Spingendosi più lontano lungo la riviera barcolana che porta verso il verdeggiante litorale, scelto da nugoli di gabbiani e frotte di pesci ora protetti dal WWF, proprio in prossimità del rigoglioso parco di Miramare, ci si poteva bagnare nell'intimo stabilimento omonimo, anche detto Da Sticco, dal nome del primo proprietario, a suo tempo frequentato piuttosto da famiglie con bambini, ora divenuto di gran moda. Dopo il lussureggiante parco ci si poteva bagnare nella ridente baia di Grignano presso lo *chiccoso* stabilimento che diventerà il cosiddetto Grignano 1 quando sorgerà il Grignano 2 o Riviera e si poteva discutere se fosse più elegante andare al Grignano 1 o al Grignano 2. Poi sarebbe sorto lo stabilimento Alle Ginestre, ancora più lontano e ancora più *chic*, dalla spiaggia ormai rocciosa e

---

96. Antonella Caroli, ibidem, pag. 52.

dall'acqua turchese e incontaminata (quella volta). Più lontano, superate una serie di spiagge di accesso libero ma faticoso, a cui si arrivava scendendo per ripide impervie infinite scalinate, si poteva andar giù verso le baie di Sistiana o di Duino, finché la costa da rocciosa a strapiombo sul mare tornava a essere piatta verso Monfalcone, in prossimità di quell'antico confine d'Italia alle risorgive del Timavo, per trasformarsi nella laguna di Grado.

A seconda dei periodi, dell'età, delle mode, delle amicizie, del livello di sciccheria, cambiavamo anche noi di bagno. Da piccole si andava al vicino Savoia con spiaggetta per bimbetti e alla domenica alla sabbiosa baia di Sistiana, poi avevamo traslocato allo sportivo Ausonia per fare lezione di nuoto, spesso nel fine settimana ci portavano a Punta Sottile o Punta Olmi, sulla strada verso il confine con l'allora "zona B", rara oasi di sabbia e ombra alberata. Più tardi andavamo a Grignano 1 con un'amica della mamma che aveva tre figlie della nostra età e quando arrivavamo si apriva la portiera e ne uscivano cinque bimbe cinguettanti, qualche volta anche di più se si univa qualche altra amichetta, rimaste stipate a schiamazzare nella millecento grigio-marroncino da Sant'Andrea fino a destinazione. Poi venne l'età dei primi amori e sempre a Grignano si flirtava sulla terrazza, sperando di non essere visti dalle mamme che restavano al bar. Più tardi il calore del sole con l'azzurro del mare avrebbe trasformato alcuni di questi flirtarelli in fidanzamenti e allora si poteva andare al bar con la mamma e il fidanzato. Poi non pochi fidanzati si sarebbero sposati e avrebbero a loro volta avuto dei bambini da portare *al bagno* e il ciclo si sarebbe ripetuto.

Il babbo ci raggiungeva *al bagno* durante l'ora di pranzo: si faceva il suo *toč*, si mangiava *un sbecolez*, si beveva *un spritz*, riusciva persino a farsi una *spavadina* all'ombra e ritornava in ufficio. Era normale per tutti quelli che lavoravano farsi una lunga pausa pranzo al mare-bagno, l'orario continuato era di là da venire.

Le vere vacanze però le passavamo in montagna in idilliache ville fiorite prese in costoso affitto e la mamma c'insegnava la sapienza della raccolta dei funghi, ereditata dalla madre tedesca che l'aveva a sua volta imparata dalla suocera austriaca. Fin dalla più tenera età eravamo quindi state iniziate a questa ineluttabile passione, per cui sapevamo a malapena camminare, ma già distinguevamo il re porcino dal temibile boleto Satana, i lattari dal sangue rosso o sanguinacci dai lattari dal latte bianco e velenoso, le spugnole o manine generose da quelle malefiche, i gialletti o gallinacci o finferli da altri meno innocui funghetti anche loro gialli come l'uovo sbattuto con lo zucchero che la nonna germanica ci somministrava al mattino per darci l'energia necessaria a questa non facile ricerca. Sapevamo soprattutto riconoscere le feroci amanite, fra cui la splendida muscaria dei nanetti, tanto bella quanto velenosa, che noi designavamo col suo nome tedesco di Fliegenpilz (fungo delle mosche), così come in tedesco ci riferivamo al Rehpilz (fungo dei caprioli) o boletus rufus, da molti scartato perché da cotto diventa nero, eppure quasi più gustoso dello Steinpilz (fungo dei sassi), il porcino, anche lui talora designato piuttosto con il suo attributo germanico, così come tante cose della vita corrente, quali il Rucksack (zaino),[97] le gebackene Mäuse (frittelle), lo Schnittlauch (erba cipollina), lo Schlafrock (vestaglia).

Il babbo era in perenne competizione con la mamma, cosiddetta "strega dei funghi", che raccoglieva solo porcini di prima qualità, piccoli appena spuntati e duri come uova sode, mentre a lui toccavano quelli enormi di più chili, qualche volta ahimé già completamente scavati dai vermi e in parte putridi, per cui la mamma glieli buttava via e lui sosteneva che fosse per gelosia. Quelli vermosi ma non troppo si tagliavano a fettine e si stendevano su carta di giornale nei terrazzi al sole della villetta affittata, così ci riportavamo in città una non trascurabile provvista per i risotti invernali. Avevamo anche imparato a fare attenzione alle vipere, visto il terrore che ci aveva inculcato la mamma, terrore che tuttavia non le inficiava la passione per i funghi. Noi esitavamo fra la paura della mamma e l'audacia della nonna Hella, chiedendoci se la Cita sarebbe stata brava come il Pipsi a farle fuori.

Il babbo, che veniva a trovarci il fine settimana facendo la spola con la sua "1400", aveva generosamente comperato alla mamma una vecchia 'Topolino', che non faceva nessuna fatica ad arrivare ai milletrecento metri di alti-

---

97.   Anche Bruno Vasari nella citata intervista alla Rai parla delle gite in Carso con il "Rucksack" e non ci pensa proprio a chiamarlo zaino.

tudine della villetta e nemmeno a salire più in su, per portare a spasso le donne della famiglia rimaste a godersi il fresco: la mamma, che guidava, le due nonne, noi due bimbe e persino la Cita, accovacciata dietro di noi in quello che avrebbe dovuto essere il portabagagli (sospetto che a volte c'entrasse pure la bambinaia...).

Un gran giocattolone con le nipotine si sarebbe rivelato il severo, sia pur donnaiolo, dottor Vellat. Il gioco preferito dalla Silvia era *cinceronte stanco*: il nonno Nino già aveva un bel naso alla Dante Alighieri come molti dogi veneziani, che avendo dominato la Dalmazia lo avevano evidentemente trasmesso alla loro discendenza d'oltre Adriatico.[98] Davanti al naso prominente il Nino metteva le mani in modo da formare un doppio corno di rinoceronte, con il quale incalzava la Silvia che strillava di gioia e di paura, finché il rinoceronte, *stanco* com'era, rinunciava a inseguirla. La Silvia era una gran mangiona e l'aneddoto preferito dal Nino era quello del fegato alla veneziana, che la Silvia prediligeva in modo particolare. Per provocarla lui le chiedeva: "Me ne dai un pochino?". Al che lei lesta lesta se lo ingurgitava in fretta e furia per esclamare con finta contrizione: "C'è pù!!!".

Altro episodio memorabile: durante una passeggiata in montagna la Cita aveva ucciso la gallina di un pollaio e,

---

98.   Agli inizi del '300 molti esuli toscani erano riparati in Istria e a Parenzo era documentata la presenza di un Dante fiorentino, di cui non è escluso fosse l'Alighieri in persona.

dopo che i contadini si erano fatti pagare, oltre al volatile, anche le uova che avrebbe deposto per un anno, ci accingevamo a mangiare a tavola la preda arrostita ma io, avendo assistito al massacro, scoppiavo in lacrime dichiarando che non avrei potuto ingoiare neppure un boccone. La Silvia imperterrita si afferrava il suo pezzo preferito esclamando con crudele indifferenza: "E intanto io mi mangio la mia gamba!".

Famoso era rimasto un mio tema di seconda elementare sulla vendemmia, in cui concludevo: "Alla mamma e al nonno piace molto bere vino e quando sono allegri diciamo che sono ubriachi. Anche la Silvia beveva, adesso non beve più". La Silvia aveva all'epoca quattro anni ed evidentemente aveva ereditato dal Nino e dalla Mausi questa "predisposizione" al vino, mentre la golosità non poteva che provenire dal Tucci, che la mamma minacciava di colpire alle mani con la forchetta quando rubava le zibibbe (uvette) dai dolci o scavava nei carciofi per carpirne il fondo, lasciando agli altri le foglie, con la scusa che "gli faceva bene alla salute...". Si dice in tedesco "lieber den Magen verenken als dem Wirt etwas schenken", "crepa panza piuttosto che la roba avanza" in veneziano...

E così il babbo, per comunicare di aver mangiato troppo, soleva dire: "Oggi ho *ferencato*". Spesso poi sosteneva di mangiare non per fame, tantomeno per gola, bensì... 'per cultura'! Per cultura gastronomica gli piaceva molto esercitare quello che mia madre, con sommo disprezzo, definiva "Juden ping-pong", ping-pong degli ebrei: ciascuno avrebbe il diritto di andare a spilluzzicare nei piatti altrui. Questa specie di diritto, fortemente radicato in me e mio padre, è sempre stato ferocemente contestato dagli altri membri della famiglia.

La famiglia era spesso riunita a tavola con tutti i nonni e si passava con indifferenza dall'italiano al tedesco al triestino: in tedesco comunicavano tra di loro la Mausi, la Hella e il Nino; in triestino comunicavano la Ada, il Tucci, il Nino e la Mausi fra di loro, mentre alla Hella tutti si rivolgevano in tedesco, comprese noi bambine; con noi bambine tutti parlavano in italiano, meno la Hella, imperterrita nella sua lingua madre.

"Nicht vor den Kindern!" era la parola d'ordine con la quale gli adulti venivano avvertiti che l'argomento in discussione non era adatto alle orecchie delle bambine, alle quali non pareva vero di rizzarle proprio in quel momento.

Racconta Cenni nel documentario citato che lui fino a sette anni aveva parlato solo tedesco, mentre sloveno parlavano i suoi famigliari fra di loro per non farsi capire dal bimbo Egone. La nonna Hella poi al ristorante parlava male dei vicini di tavolo in tedesco, convinta che non la capissero, mentre a Trieste il rischio non era trascurabile.

Riporto testualmente una lettera pubblicata su «Il Piccolo» dell'11 ottobre 2007, in seguito alla polemica se nelle scuole della regione si debba insegnare il friulano:

"Legio le letere publicade sul giornal, co la lente perchè i oci no ghe riva, co le quali chi vol el lanfur ne le scole, chi no lo vol, chi disi 'distinguo' e cusì via. Sui libri de l'università de sociologia, psicolinguistica e altre materie, se trova i conceti ben esposti e ciari de cultura, lingua, società ma i resta la; chi che dovesi intervenir fa el momi e cusì la gente ve scrivi monade una drio l'altra.

Xe de ani che i politici misia e poi rimisia: el lanfur sì el bisiaco no, el sloven al de qua dei monti de la Vena con prudenza, de la l'italian lo steso, in quel comun sì in quel comun no, in quel rion forsi, in quela via vedaremo, manca ancora de segnar le case e po semo a posto. Una volta no iera cusì. Un venditor de stampe ghe scrivi in francese al magistrato civico – adeso sindaco – che el volesi aver una licenza de vendita. El magistrato ghe scrivi in talian a la direzion de polizia, la quale informa in gnoco el governator, che a sua volta rispondi in gnoco a la direzion de polizia e in talian al magistrato civico. Dopo qualche tempo el venditor francese el ga la risposta e la licenza scrita in talian. Anche le cartoline postali portava la dicitura in sei o sete lingue.[99]

Cosa servi far le legi per le lingue? Servi che le persone impari a adoperar più lingue. Un vecio capitano de artiglieria, che go conosù tempo fa, el me contava che con su papà e sul 'lavor' el parlava gnoco, co le su sorele e la mare sloven, a scola el gaveva imparà l'italian e ai militari so-

---

99. Nella sua lettera al parroco di Sant'Egidio il nonno Nino, che non conosce la lingua slovena, gli scrive in tedesco, pregandolo di rispondergli nella stessa lingua o, eventualmente, in latino.

toposti el ghe parlava in triestin. Triestin ormai morto, chi parla ogi el triestin? Se senti ancora qualchedun ma de la lingua xe restà la cornise e qualche vecia parola, xe diventà un talian istrian cabibo.

'La storia va avanti e le lingue si evolvono'. E pensar che a Bombay, che ogi se ciama con un altro nome, me go scarozà col tasì per due giorni con un giornalista del «Corriere della Sera» – me par che el se ciamasi Rivolta – pagava lu oviamente e co i tasisti, bei sik alti, scuri col turbante roso tuti viagianti in machine Fiat nere, fazevo l'interprete perchè oltre all'hindu e un inglese de maniera l'unica altra lingua europea che i conoseva iera el triestin.

Perchè tuti sti ostacoli per le lingue? Che senso ga? No go mai capì se xe l'ignoranza che genera el potere e l'odio o viceversa. Nel fratempo che se discuti italian sì sloven no, lanfur forsi e cusì via, pezo che i nobili de Bisanzio, 'la storia va avanti' e tra gnanca tanto tempo qua se parlerà, con tuta probabilità, una lingua nova: un tecsan arabo con qualche parola cif e qualche altra che parerà italian ma inveze sarà rumen e là sul coston del Carso el 'formagin',[100] ogi tanto contestado, sarà acompagnado da un bel minareto. Le osmize? Gnente osmize, vin e porco per carità!, forsi forsi una per la streta minoranza, per dimostrarse democratici, coi cevapcici fati co la carne de pecora come in Bosnia, legeri de gusto e meno pesanti pel stomigo, e se

---

100. Bruttissima chiesa moderna a forma di trapezio che deturpa il profilo del crinale carsico proprio sopra il golfo di Trieste.

canterà qualche ruba'i in lode al vin del poeta Omar Khayyam. La cità sarà tranquila, in porto ariverà come sempre qualche nave e chisà forsi le robe funzionerà mejo. La cità scientifica gaverà un enorme svilupo e via Carducci sarà intitolata a Salam.

Me piaseria tanto veder come che va finir sta storia, per la sodisfazion de saver se go ragion o no, ma no credo che ghe la farò. Ma gnanca vu, perchè qua triestini, sloveni, bisiachi, furlani, istriani de l'interno e de la costa, servolani e barcolani tuti, lo savè ben, a quel tempo no gaveremo gnanca più le man per sburtar radicio e gnanca i oci per una lagrima per pianzer sul tempo butà via".[101]

Pier Paolo Sancin

---

101. "Leggo le lettere pubblicate sul giornale, con la lente perché gli occhi non ce la fanno, dalle quali risulta che c'è chi vuole il friulano nelle scuole, chi non lo vuole, chi dice "facciamo una distinzione" e così via. Nei testi universitari di sociologia, psicolinguistica e altre materie, si trovano esposti chiaramente i concetti di cultura, lingua, società, ma tutto si ferma lì; chi dovrebbe intervenire fa finta di niente e così la gente vi scrive una sciocchezza dietro l'altra. Sono anni che i politici presentano ed insabbiano proposte: il friulano sì, il goriziano no, lo sloveno al di qua dei monti della Vena con le debite cautele, l'italiano lo stesso dall'altra parte, in quel comune sì, in quel comune no, in quel rione forse, in quella via vedremo, ci manca solo che si faccia un segno sulle case e saremo a posto. Una volta le cose non andavano così. Un commerciante di stampe scrive in francese al magistrato civico – adesso sindaco – per chiedere una licenza di vendita. Il magistrato scrive in italiano alla direzione della polizia, la quale in tedesco informa il governatore, che a sua volta risponde in tedesco alla direzione della polizia e in italiano al magistrato civico. Dopo qualche tempo il commerciante francese riceve la risposta con la licenza scritta in italiano. Anche le cartoline postali recavano la dicitura in sei o sette lingue. A cosa serve adottare leggi per le lingue? Serve affinché la gente impari a servirsi di più lingue. Un vecchio capitano di artiglieria, che ho conosciuto tempo fa, mi raccontava che con suo padre e al lavoro parlava in

Sempre nel *Gelso dei Fabiani* di Renato Ferrari[102] si legge che: "...i domestici vengono importati dal Friuli, dalla Carinzia, dal Veneto o dal Carso, dall'Istria, dalla Val Vipacco. Così accade che in casa Kofler si parlino contemporaneamente quasi tutte le lingue europee. Almeno cin-

---

tedesco, con le sorelle e la madre in sloveno, a scuola aveva imparato l'italiano e ai militari subordinati parlava in triestino. Triestino ormai morto, chi parla oggi il triestino? Si sente ancora qualcuno che lo parla, ma della lingua è rimasto il quadro generale e qualche antica parola, è diventato un misto d'italiano istriano e *terrone*. 'La storia va avanti e le lingue si evolvono'. E pensare che a Bombay, che oggi si chiama con un altro nome, sono andato in giro in taxi per due giorni con un giornalista del «Corriere della Sera» – mi pare si chiamasse Rivolta – pagava lui ovviamente e con i tassisti, bei *sik* alti, scuri con il turbante rosso, tutti a bordo di automobili Fiat nere, facevo l'interprete perché oltre all'*hindi* e a un inglese di forma l'unica altra lingua europea che conoscessero era il triestino. Perché tutti questi ostacoli per le lingue? Che senso ha? Non ho mai capito se è l'ignoranza a generare il potere e l'odio o viceversa. Mentre si discute se italiano sì sloveno no, friulano forse e così via, peggio dei nobili di Bisanzio, la storia va avanti e fra non molto si parlerà, molto probabilmente, una lingua nuova: texano arabo con qualche parola meridionale e qualche altra che sembrerà italiano, ma invece sarà rumeno e là, sul crinale del Carso, il *formaggino* oggi tanto contestato sarà accompagnato da un bel minareto. Le *osmize* (rivendite stagionali di vino e prodotti locali)? Niente *osmize*, vino e maiale, per carità!, tutt'al più per una stretta minoranza, per dimostrarsi democratici, con le salsicce di carne di pecora come in Bosnia, dal gusto delicato e meno pesanti per lo stomaco, e si canterà qualche verso in lode al vino del poeta Omar Khayyam. La città sarà tranquilla, in porto arriverà come sempre qualche nave e, chissà, le cose forse funzioneranno meglio. L'area di ricerca avrà un enorme sviluppo e via Carducci sarà intitolata a Salam. Mi piacerebbe tanto vedere come va a finire questa storia, per la soddisfazione di sapere se ho ragione o meno, ma non credo che ce la farò. Ma nemmeno voi, perché triestini, sloveni, goriziani, friulani, istriani dell'interno e della costa, servolani e barcolani (Servola e Barcola sono due rioni di Trieste) tutti quanti, lo sapete bene, a quel tempo non saremo più di questo mondo né avremo più lacrime per piangere sul tempo sprecato.
102.   Cfr. Renato Ferrari, op. cit., pag. 40.

que. Il tedesco che è la lingua del padron di casa, il triestino che è l'idioma della signora, il friulano, lo sloveno, a volte il croato e il francese.

La lingua comune è il triestino, cioé l'antica lingua locale. Essa accomuna le genti di ogni parte del mondo e ne fa una razza nuova per sangue e caratteristiche somatiche, la razza triestina. Un Triestino è riconoscibile a prima vista. Sia che lo si incontri a Milano, sia a Londra, sia a New York non c'è bisogno che apra bocca rivelandosi con l'accento. Il Triestino è, per il proprio concittadino, come una sfera trasparente, la sua pelle sembra un vetro dietro al quale sfilano le Rive, la Lanterna, il Canale del Ponte Rosso, Barcola, l'Acquedotto, San Giusto, la Pescheria, il caffé degli Specchi".

Boris Pahor nel suo *Necropoli* scrive:

"...Prima ancora che egli parlasse,[103] ero sicuro di aver già notato quel viso dagli occhi vivaci dietro le spesse lenti, sul tram forse o a mezzogiorno sul marciapiede all'incrocio del Corso con via Roma. Infatti nei lineamenti dei triestini esistono certe particolarità difficilmente definibili, ma che pure posseggono la proprietà di richiamarci davanti agli oc-

---

103. Gabriele Foschiatti, medaglia d'oro *ad memoriam* della Resistenza, nato a Trieste il 20 giugno 1889. Allo scoppio della I[a] guerra mondiale si arruolò volontario nella Legione Garibaldina. Irredentista mazziniano e dannunziano, partecipò all'impresa di Fiume. Era tuttavia repubblicano e socialista e divenne uno dei maggiori dirigenti del Partito d'Azione a Trieste. Fu arrestato dai tedeschi nel dicembre 1943 e deportato a Dachau, dove morì il 20 novembre 1944.

chi, quando siamo lontani dalla nostra città, il profilo di un noto angolo di una strada, di una piazza o di una vecchia insegna sopra la vicina latteria. È come se l'ambiente natio avesse impresso la propria immagine su un volto e quell'immagine, come la calura estiva sull'asfalto, ondeggiasse lievemente attorno alla pelle delle guance, nei solchi sotto il naso, attorno agli angoli della bocca. La parola che scaturisce da quei lineamenti è un po' meno sorprendente perché la presentivi e l'aspettavi; pur tuttavia è splendida per quella vicinanza che essa rievoca in te come per incanto. Intendo la vicinanza della città natale...".[104]

Esaurite la Dora e le altre bambinaie italiane a me e mia sorella avevano appioppato una governante austriaca, certa Luzi, che adorava, contraccambiata, la Silvia. Quello che le accomunava di sicuro era la predilezione per il cibo: costei ci faceva bere il caffelatte con dentro pezzetti di burro, perché così a lei piaceva, o per giustificarne il suo consumo smodato. Finché ebbi un attacco di fegato e fu forse per questo che ce ne liberarono. Quando vennero a galla le sue molteplici malefatte, trovai il coraggio di raccontare che, tra l'altro, usava rinchiudermi per ore e ore in

---

104. Cfr. *Lettera ai Compagni,* Anno XXI, n. 11-12, Novembre-Dicembre 1991, estratto op. cit., pubblicato con il titolo *Ritorno a Natzweiler* (traduzione dallo sloveno di Ezio Martin) su suggerimento di Livio Zeno, compagno di scuola e amico del Tucci, diplomatico e giornalista antifascista e repubblicano, nato a Trieste nel 1913 e ivi morto nel 1993, rappresentante dell'Italia presso la NATO e l'ONU, giornalista presso la BBC e la RAI, autore della biografia *Il Conte Sforza - Ritratto di un grande diplomatico,* editore Le Monnier, Firenze 1975, ristampa nel 2000.

uno sgabuzzino buio e angusto per punirmi delle mie male azioni. Fu costretta a prendere il primo treno per tornare a casa sua e da allora, non appena vedeva passare sulle Rive uno di quei treni che collegavano il porto vecchio al porto nuovo, la Silvia esclamava fra le lacrime: "Il treno della Luzina!".

E così fu la volta della Frau Paula, che non era più né una bambinaia né una governante, perché ormai andavamo a scuola: era la nostra *signorina* (non importava che fosse vedova, in italiano restava signorina) di tedesco. In realtà era croata, ma da brava cittadina dell'ex impero conosceva, o si supponeva che conoscesse, il tedesco. Io non so dove il Tucci e la Mausi fossero andati a scovarla: anziché in tedesco ci parlava in un italiano molto simile a quello della nonna Hella, con cui invece comunicava correntemente e correttamente in tedesco, per raccontarci fatti e fattacci della Soraya, che noi non sapevamo nemmeno chi fosse. Quando non ci raccontava della Soraya ci parlava del suo adorato marito Danilo, ex avvocato di grido e gran possidente spodestato dal comunismo e ormai semiparalitico, per cui era lei che tirava la carretta per entrambi, profughi a Trieste, con le sue lezioni di *tedesco*. Una cosa che non riuscivamo a capire era come mai lei si vantasse del fatto che suo marito l'avesse sempre tradita: "Eh sì, perché lui era un vero Uomo (con la U maiuscola come in Sicilia)". Insomma, la sua supervirilità era stata per lei un vanto. Erano queste storie da trattare "vor den Kindern?". Passando da un estremo all'altro, ci faceva leggere, questi sì in tedesco, Schiller e Goethe, che a quell'età ci risultavano forse ancora più ostici degli intrighi della Soraya e delle avventure di suo marito.

Di bambini lei non ne aveva mai avuti e se ne rammaricava molto, attribuendo la causa della propria infecondità al fatto di essere stata una provetta cavallerizza che troppo aveva scorrazzato per le immense tenute dell'amato Danilo. Corroborava così l'interdizione materna di fare equitazione, sport che da bambine ci sarebbe piaciuto praticare. Altro sport proibito era l'alpinismo, a cui il nonno Nino aveva tentato d'iniziarci di nascosto dai genitori, che pure lo avevano anche loro praticato a suo tempo. Chissà come la cosa era saltata fuori e il nonno aveva dovuto promettere solennemente di non farlo mai più.

Uno sport non proibito era la frequentazione dei maschi, anzi, le storielle amorose fra bambini erano viste benevolmente e quasi quasi incoraggiate. Con l'andare del tempo la Frau Paula sarebbe diventata testimone e avrebbe funto da tramite per alcuni di questi giochi innocenti che ancora nulla avevano a che fare con le pene d'amore della Soraya e la vantata esuberanza del Danilo.

La nostra vita scorreva tranquilla su binari dai quali non sembrava poter deragliare, eppure a un certo punto qualcosa s'inceppò. Io ero ormai adolescente e avevo un amore che godeva del beneplacito ufficiale dei genitori. Avevo anche il permesso di andare al cinema da sola con lui, dietro l'angolo di casa, all'Ariston. Finalmente potevo vedere il mio primo film "vietato ai minori di 14 anni",

Kapò di Gillo Pontecorvo: ormai sapevo dei campi di sterminio, a casa se n'era parlato, nulla mi era stato nascosto di quegli orrori, avevo letto *Il diario di Anna Frank*. Ma vedere sullo schermo l'incredibile realtà superava qualsiasi sforzo d'immaginazione.[105]

Scoppiai in una crisi di pianto irrefrenabile che si sarebbe trascinata nel corso degli anni, a conferma di quella che era stata l'intuizione dello zio Bruno: "Avrei dato non poco filo da torcere ai genitori".

Intanto era cambiato qualcosa in famiglia e la Mausi sembrava nervosa e scontenta. Qualcosa stava pure cambiando in Italia e nel mondo e dal *boom* economico accompagnato dall'autocompiacimento borghese si stava passando a un'insoddisfazione strisciante che in pochissimi anni avrebbe finito con l'esplodere. I Beatles con le loro folte chiome (definirle lunghe oggigiorno farebbe ridere) preannunciavano sconvolgimenti più profondi che non una semplice rivoluzione nella musica moderna.

Nell'Italia del *boom* economico la ditta Paschkes, importatrice di caffè, spezie e generi coloniali aveva perso in un colpo solo parecchie centinaia di milioni di lire a causa del fallimento di un cliente napoletano. E pensare che, dopo che le leggi razziali avevano dato un colpo di grazia ai traffici dell'oro verde a Trieste, che con la "borsa a termine del caffè" era stata dal 1907 alla pari dei grandi cen-

---

[105]. Cfr. Habacuc 1,5. "[...] È avvenuta una cosa a' vostri giorni, la quale da nessuno sarà creduta quando si annunzierà".

tri di contrattazione europea e internazionale, nel 1945 si era ricostituita l'"Associazione degli interessati nel commercio del caffé", che aveva fra i suoi promotori "Gattegno, Paschkes, Suessland, Venezian, Stenkuehl, Moeller & Arnstein, Porges, Seppilli, Hesse ed altri", come ricorda il mensile «Bora» del 1 gennaio 1978. Quando tanti anni dopo incontrerò a Bruxelles il padre di un'amica di Bari, pure lui commerciante di caffè, questo cascherà dalle nuvole e non mi vorrà credere: era stato anche lui cliente della ditta Paschkes, di solida reputazione.

La ditta sarà pure stata seria e solida, ma Leo e Tucci altrettanto ingenui, si vociferava. Dicono che abbiano fatto fallimento per "eccesso di onestà" (!!!). La mamma insinuava che fossero stati degli snob i quali ritenevano che fosse chic importare, ma non torrefare: avrebbero dovuto aprire dei bar e delle torrefazioni come fecero gli Illy e gli altri caffettieri triestini, che col caffè si arricchirono anziché impoverirsi come loro. Ma il cugino contrabbandato in Svizzera la smentisce: usavano "tecniche commerciali d'altri tempi"[106] e avevano semplicemente dato prova di lealtà e correttezza, evitando di fare concorrenza ai loro stessi clienti aprendo bar negozi o caffè a loro volta. Etica commerciale certamente obsoleta negli attuali tempi di competizione spietata. Di sicuro non avevano il famoso pallino per gli affari che dovrebbe essere registrato in modo indelebile nel Dna di tutti gli ebrei.

---

106.   Cfr. Enzo Bettiza, op, cit., pag. 354.

Dal babbo non si sarebbe mai potuto dedurre che avesse dei problemi: da generoso era diventato un po' guardingo e all'improvviso in casa si parlava sempre di risparmiare qua risparmiare là, ma il suo naturale buonumore e il suo sviscerato ottimismo non venivano mai meno. Il nervosismo della Mausi invece, abituata com'era a sfoggiare abiti che fossero all'altezza della sua avvenenza, non poteva non ripercuotersi in un modo o nell'altro sulle bambine in "età difficile". La Silvia e io avremo reazioni molto diverse, ma le avremo, essendo ormai entrambe affette da "sindrome del rigetto anti-borghese".[107]

La mamma comunque cercò di spiegarmi che "l'Italia stava attraversando un momento difficile e fra i vari crack c'era stato anche quello della ditta Paschkes, per cui avremmo dovuto ridimensionare il nostro modo di vivere". Anche se non facilmente leggibili, ci furono certamente delle ripercussioni negative sulla mia "fragile psiche". Lo zio Bruno mi prescrisse pastiglie di *Librium*, ma forse avrebbe fatto bene a prescriverle pure alla mamma, che negli anni a venire avrebbe trovato modo di tormentarci tutti e tre alla minima occasione. La Silvia era una *lazzarona* che non studiava abbastanza, io ero una *puttana* che sfarfalleggiava da un amore all'altro, il papà era comunque un inetto per averle fatto credere che avrebbe potuto vivere da principessa per sempre, nonostante il suo sfegatato socialismo.

---

107. Ibidem, pag. 349.

Stimolati dalle difficoltà economiche, i genitori divennero degli anticonsumisti *ante litteram* e guai a noi se con i nostri risparmi, accumulati con la paghetta settimanale elargita nonostante le ristrettezze o con i *premi* in denaro del Nino per i bei voti ottenuti a scuola, osavamo comperare vestiti o cose futili. "Ne avevi veramente bisogno?". Ci rinfacciava il Tucci, fattosi straordinariamente severo per l'occasione. A parte il fatto di non poter cambiare vestito a ogni festa, come molte delle mie amiche, non so quanto fossi conscia di soffrire per l'improvvisamente ridotto tenore di vita piuttosto che per l'aver scoperto l'immensità della nefandezza umana.

La Paschkes aveva chiuso, ma non eravamo ancora sul lastrico, perché a suo tempo si era investito in un'altra impresa, la "Panfili", che fabbricava coperture bitumate per tetti e sembrava fiorente. Pareva tra l'altro un'ironia del destino, che fosse situata nel rione di San Sabba, nel Ratto della Pileria, non lontano dalla Risiera, quel campo di sterminio e di transito[108] di cui a tutt'oggi non poche per-

---

108. L'attività di sterminio nella Risiera di San Sabba (sede della ex pilatura del riso) in un comprensorio di circa 11 mila metri quadrati iniziò nell'estate 1944 e terminò con la chiusura del forno crematorio fra il 26 e il 27 aprile 1945. I tedeschi prima di fuggire provvidero fra il 29 e il 30 aprile 1945 a far saltare la struttura (forno crematorio, garage e ciminiera) con alcune cariche esplosive. Secondo Ferruccio Foelkel nel suo *La Risiera di San Sabba*, Mondatori, Milano 1979, l'inizio delle operazioni di sterminio con l'uso dei gas venefici e dei forni per la cremazione dei cadaveri sarebbe da fissare nel giugno 1944 per la durata di circa 300 giorni. Il campo di San Sabba (Polizeihaftlager e poi Vernichtungslager, luogo di sterminio) operò sotto il comando del Kri-

sone ignorano che sia esistito, mentre altre si ostinano a sdrammatizzarne le funzioni, sostenendo che si trattava "solo", "unicamente", "esclusivamente" di un campo di transito.

Di questo stabilimento per la pilatura del riso, donde il nome della via, che risaliva al 1913, i nazisti dopo l'8 settembre 1943 avevano fatto un campo di prigionia per i militari italiani, trasformandolo poi in ottobre in "Polizeihaftlager", campo di detenzione di polizia, destinato sia allo smistamento dei deportati in Germania e in Polonia e al deposito di beni razziati, sia alla detenzione ed eliminazione di ostaggi, partigiani, detenuti politici ed ebrei.

"Il 22 giugno 1944 entrò in funzione il forno della Risiera di San Sabba – racconta Bruno Pincherle[109] – Come

---

minalkommisar Christian Wirth (ucciso il 26 maggio 1944 dai partigiani titini a Erpelle) e del suo vice Gottlieb Hering e poi di Ernst Dietrich Allers. Dagli atti del processo contenuti nel volume di Adolfo Scalpelli (a cura di) *San Sabba. Istruttoria e processo per il Lager della Risiera* (Aned, Mondadori, Milano, 2 voll, 1988), le persone soppresse nella Risiera furono 317 e 525 quelle sopravvissute alla Risiera e alla deportazione in altri campi. Un numero di molto inferiore alla realtà. Secondo Ferruccio Foelkel dalla Risiera transitarono circa 20 mila prigionieri (abitanti sloveni e croati del Carso e dell'Istria, antifascisti, partigiani, ebrei, militari italiani sbandati dopo l'armistizio). Le vittime furono probabilmente fra le 3 mila e le 5 mila. Il processo davanti alla Corte d'Assise di Trieste si concluse il 29 aprile 1976 con la condanna all'ergastolo di Joseph Oberhauser, comandante della Sezione R1 di Trieste-San Sabba (contumace) e con il "non doversi procedere" nei confronti di Ernst Dietrich Allers, comandante del Reparto R, per morte dell'imputato nel corso del lungo dibattimento. Erano entrambi accusati di *omicidio plurimo pluriaggravato continuato*. Gli altri imputati (Christian Wirth, Gottlieb Hering, Franz Stangl, Otto Stadie) erano deceduti prima del processo o nel corso della guerra.
109. Cfr. Monica Rebeschini, op. cit., pag. 111.

a Dachau, come a Buchenwald, ad Auschwitz, a Mauthausen, a Oranienburg si cominciarono, anche qui, ad eliminare esseri umani bruciandoli [...] due volte alla settimana, il martedì e il venerdì, altoparlanti, disposti agli angoli della Risiera, trasmettevano a tutto spiano per delle ore musiche allegre e militaresche per coprire le urla delle vittime portate a morte. Poi, un denso fumo giallastro usciva dalla ciminiera e testimoniava che un nuovo delitto era stato consumato".

Forse per questo non ci portarono mai "in fabbrica" come diceva il babbo. Forse per questo mi era venuta voglia di fare la scrittrice, cosa che poi non ho fatto, dopo che da bambina ero stata destinata prima alla pittura e poi alla scultura. "Impara l'arte e mettila da parte" perché, si sa, "l'arte non dà da vivere"... La mamma cercava d'inculcarmi il sano amore per la famiglia, solo sposa e madre sarei stata davvero felice. Il babbo invece, reso prudente dall'esperienza, aveva incominciato a predicare alle figlie l'assoluta necessità di studiare e trovare un lavoro. I soldi c'erano, ma bisognava reinvestirli, e quindi per noi era come se non ci fossero.

Si era proceduto alla vendita della cosiddetta "flotta", come la chiamava scherzosamente la Mausi. Forse il babbo si era dimenticato, o aveva fatto finta di dimenticarsi, che lo Yatch Club Adriaco, di cui eravamo soci, era una delle tante associazioni sportive che non avevano esitato a espellere i propri membri di religione israelita.

Racconta Nino Maionica[110] che, mentre tutte le altre società che lo avevano espulso lo avevano fatto scusandosi, l'Adriaco non solo non aveva mai ritenuto di doversi giustificare, ma anzi, dopo la guerra aveva intitolato una barca a nome del cavalier Strena, economo del mare, il quale durante una cena con ballo aveva afferrato per un braccio una ragazza ebrea che avrà avuto sì e no diciott'anni nel bel mezzo della pista trascinandola fuori, ben prima della promulgazione delle leggi razziali.

Fatto sta che il Tucci si era fatto membro dello Y.C.A. con tutta la famiglia e a noi figlie avevano finito con l'iscriverci alla sezione sciistica del Club Alpino Italiano che a suo tempo lo aveva privato della tessera. La nostra flotta era composta dallo "Squalo", una cosiddetta *passera lussiniana*, il cui nome era in netto contrasto con la sua linea gentile e pacioccona, con cui si sarebbero potute fare delle regate e anche delle minicrociere, ma noi ci limitavamo a tranquille passeggiate domenicali da un lato o dall'altro del golfo, verso Miramare, Grignano e Duino o verso Muggia e Punta Sottile a seconda dei venti e delle maree, e dalla "Mariuccia", una più modesta barca da pesca molto caratteristica, bianca con il bordo rosso e verde, con cui si pescavano *angusigoli* e *menole* poi sapientemente fritti dalla Mausi, cuoca eccellente in tutte le occasioni. ("Co' se ga cognizion…" avrebbe detto sua suocera Ada, traduzione moderna: quando si dispone del "know how…").

---

110. Cfr. Silva Bon, *Testimoni della Shoah*, op. cit., pag. 54.

Un aneddoto di cui ho un vivo ricordo è quello della nostra bassottina, la Blumi, che aveva sostituito l'eroica Cita ormai deceduta per tumore alle mammelle, la quale Blumi si era infilata in bocca un amo per mangiarsi l'esca, l'amo le si era conficcato nel palato e non era stata un'operazione semplice liberarla, ma la Mausi c'era riuscita, aiutata da Edi, il marinaio: sì, perché non solo disponevamo di una flotta, ma persino di un marinaio per collaborare nelle manovre, di cui il Tucci non era campione.

In compenso il Tucci era un eccellente cineamatore e proprio grazie alla Blumi s'era portato a casa tutta una serie di premi per il film *La cucciolata*, in cui erano stati immortalati i cinque pargoli della Blumi e del Piperle, bassotto di ottima famiglia che allo Yatch Club disponeva di una barca ben più lussuosa della nostra con cui si vincevano regate. Questo matrimonio canino era stato l'epilogo di un lungo e sincero amore fra le due bestiole, coronato dalla nascita di tre maschi e due femmine, cosa davvero eccezionale. Il Napoleone, che la mamma era riuscita a far venire al mondo aiutando la Blumi in difficoltà senza dover ricorrere al veterinario, era di un caldo marrone gianduiotto, a differenza dei suoi fratelli neri e brizzolati. Fu regalato agli zii Leo e Paola che se lo misero subito nel letto, al punto che quando la zia Paola se ne andava a Milano a trovare le amiche o il figlio contrabbandato in Svizzera, lo zio Leo si sentiva in dovere di fabbricargli un sapiente ammasso di lenzuola e cuscini per fargli... "la mamma finta"!

Il Tucci comunque, membro del Club Cinematografico Triestino, vinceva premi anche con film meno disneyani e più impegnati, come: *Siamo fatti così, Una città dal cuore antico, Il complesso dell'imperatore, La pratica*, tutti all'insegna del suo senso civico, del suo idealismo sociale, del suo amore per Trieste e la triestinità. Per non parlare dei documentari su importanti artisti triestini, quali il pittore e scultore Nino Perizi, gli scultori Mirko Basaldella, Marcello Mascherini, Ruggero Rovan e l'architetto Romano Boico ideatore, oltre che della Casa dello Studente di Trieste, della geniale ricostituzione in monumento nazionale della Risiera di San Sabba, a perenne testimonianza di quei tempi terribili.

Come già citato dalla lettera del babbo del 12 febbraio 1946 a Guglielmo Usellini:
"[...] Probabilmente finirò col passare la mia vita con l'aiutare mio fratello ad importare caffé dal Brasile o vendere zucchero cecoslovacco in Africa o riso indiano in Cecoslovacchia, ma proprio se farò ciò sarò un tipico triestino e nulla m'impedisce di tentare di fare qualche cosa anche per la mia città...".
Le capacità di stregoneria che la Mausi esibiva nel caso dei funghi riemergevano spesso in occasione delle proiezioni serali dei film del Tucci per gli amici, quando sul più bello la pellicola si spezzava e lui appunto l'accusava di essere intervenuta con le sue nefaste arti magiche. Prima o poi anche l'attività cinematografica del babbo avrebbe su-

bito le conseguenze del tracollo finanziario e il problema non si sarebbe più presentato. Sì, perché poco per volta anche la Panfili aveva incominciato a fare acqua.

"Negli anni Sessanta, la chiusura e il ridimensionamento di piccole e medie aziende del capoluogo giuliano inflisse un duro colpo all'economia triestina". Riferisce Monica Rebeschini, riportando un lungo intervento di Bruno Pincherle nel Consiglio Comunale del 25 febbraio 1965 contro i vari governi che si erano succeduti, tutti indifferenti ai bisogni della città *cara al cuore di tutti gli Italiani.* "Trieste conta ben poco per i governanti italiani. Si raccontano, a questo proposito, storielle che sarebbero divertenti, se non fossero assai malinconiche, a proposito delle cognizioni che questi signori mostrano a tutt'oggi della situazione di Trieste. Si dice che un ministro in carica si sia recentemente stupito che una delegazione triestina gli perorasse la causa del San Marco che egli riteneva essere il cantiere navale di Venezia...".

A prescindere dalla situazione critica dell'industria cantieristica triestina italiana europea e financo mondiale, la nostra famiglia aveva dunque rinunciato alla sua "flotta" e alla costosa associazione allo Yatch Club: pazienza, per molti anni avremmo comunque continuato a frequentarlo, invitati dagli amici più fortunati.

Domeniche di lussuoso relax si passavano pure nelle tenute al mare di altri amici più danarosi, a Duino e a Punta Sottile. Duino, ameno villaggio di pescatori fortunatamente rimasto tale e quale, con poche ville abbarbicate e speculazione edilizia contenuta probabilmente dalla mancanza di spazio su un terreno accidentato. Domina l'imponente castello dei principi di Torre e Tasso dove Rilke compose le sue celebri elegie. Sotto i ruderi dell'antica rocca distrutta dai Turchi nel 1476 emerge a picco sul mare la grande roccia candida della "Dama Bianca".

Nel grande parco del Castello ha sede il Collegio del Mondo Unito dell'Adriatico, che ha fra i suoi obiettivi la comprensione fra i popoli e la convivenza di studenti di origine diversa, a un pugno di chilomentri da una delle zone più insanguinate della Grande Guerra.

Dalle ville e tenute degli amici noi ragazzotti ci spingevamo in mare su un gommoncino per risalire le bocche del Timavo, transitando sotto quel ponte che rappresentava per me il primo ricordo lontano ma molto vivido di quando ero piccolissima: il passaggio del confine di Stato con la vera Italia, quando ancora non si sapeva bene da che parte saremmo andati a finire.[111]

La ridente località balneare di Punta Sottile si trova esattamente dal lato opposto a pochi chilometri da quella che era stata la frontiera con la "zona B", poi divenuto confine di Stato con la Iugoslavia e quindi con la Slovenia prima di scomparire. Le persone che beneficiavano della generosità dei padroni di casa erano diverse nei due casi,

---

111. Già in epoca romana fino ad Augusto le risorgive del Timavo, cantate pure da Virgilio, avevano rappresentato la frontiera dell'Italia, il limite orientale estremo fra il mondo romano e quello illirico.

ma il tipo di compagnia molto simile: un misto di mondano, politico e intellettuale, le domeniche a Punta Sottile essendo arricchite dalla presenza dell'allora giovane e promettente, ma non ancora così famoso, Claudio Magris, di cui le donne ammiravano il cervello e gli uomini la bellissima moglie. La Nora Baldi, che organizzava con munificenza queste domeniche conviviali nella sua tenuta di Punta Sottile, amava molto coltivare il genio intellettuale e poetico e anzi negli ultimi anni della vita di Saba gli era stata molto vicina, come testimoniano le *Lettere a un'amica* del poeta zio della zia Paola. Da quello che lei scrisse di lui ne *Il Paradiso di Saba* si può dedurre che fosse riuscita a conoscerlo davvero a fondo, cosa non data a tutti. Quando io m'infrattavo nelle parti più incolte dell'appezzamento con il suo bel figlio biondo dagli occhi azzurri, le signore passavano il tempo a pendere dalle labbra di Claudio Magris, mentre i signori estasiati non potevano staccare gli occhi da quelle carnose della sua signora, che sarebbe divenuta a sua volta scrittrice.

Promettenti eravamo anche noi due sorelline Paschi, sciisticamente parlando, e le gare di sci si erano aggiunte alle nostre attività di scuola, festini adolescenziali, proseguimento dello studio del tedesco, avvio dello studio dell'inglese: per tutto quello che fosse istruzione e cultura le casse non risultavano mai vuote, ma gli sci nuovi più adatti alla competizione ce li potevamo sognare, "Xe tuto question de soramanego" liquidava in due parole il babbo le nostre pretese. Così, se a quattordici anni non potevo cambiare vestito a ogni festa come le amiche, a sedici non potevo avere un paio di sci per ogni gara. Che fosse lo choc subito a suo tempo nel vedere il film *Kapò*, che fosse la sotto sotto latente insicurezza ingenerata dall'ormai incerta situazione finanziaria della famiglia, che fosse il riflesso delle ormai vacillanti assolutezze della Mausi, che fossero semplicemente gli sconvolgimenti ormonali della pubertà e dell'adolescenza, fatto sta che a un certo punto avrei avuto bisogno di Bruno Pincherle per qualcosa di più che non un semplice flaconcino di *Librium*, ma lui ormai ci aveva abbandonati tutti quanti, facendoci sentire ingiustamente defraudati, per andare lì dove saremmo stati finalmente davvero tutti uguali come lui aveva sempre sognato.

Altri egualitaristi idealisti di sinistra grandi amici del babbo erano il professore di storia e filosofia Livio Pesante, compagno di partito del babbo, e il professore d'italiano Adriano Mercanti, compagno di scuola dello zio Leo con il nome, allora, di Kramer, nella famosa classe di Stuparich. Insieme a Rodolfo (Rudy) Verzegnassi di matematica e fisica e Piero Pescani di greco e latino formavano la *famigerata* sezione C del liceo "Francesco Petrarca", in cui il babbo dava per scontato che si plasmassero soltanto geni. Al liceo in realtà vissi di rendita delle ore passate a studiare al ginnasio, mentre continuavo la mia carriera di sciatrice cittadina e rubacuori involontaria. I successi sportivi e amorosi però s'intrecciavano sempre più spesso con le crisi esistenziali finché, presa dalla disperazione, provai ad assecondare la passione politica del babbo iscrivendomi al partito socialista, nonostante il sarcasmo sempre più amaro della mamma, che si ostinava a decretare: "La politique c'est une sale chose".

A chiunque osasse dichiarare di non interessarsi di politica il babbo amava invece replicare: "Stia attento che non sia la politica a interessarsi a lei!", certo memore delle leggi razziali promulgate quando lui si limitava a dilettarsi di donne e di sport mentre faceva i primi promettenti passi come avvocato, dichiarandosi, con autoironia tipicamente ebraica, un "avvocato di merda", in onore al suo primo successo.

"In nome di Sua Maestà Vittorio Emanuele III per grazia di Dio e per volontà della Nazione Re d'Italia e Imperatore d'Etiopia il pretore dott. Leoncellis cav. Giuseppe ha emesso la seguente sentenza nella causa civile trattata all'udienza dd. 7 luglio 1938-XVI Sez. I [...].

Ritenuto in fatto: la sera del 17 novembre scorso la signora E.S.J., cassiera del negozio di vetrami Schmitz, sito in via Cavana 12, all'ora di chiusura, dopo essersi cambiata per lasciare il lavoro, si recava in una delle latrine che esistono nel cortile ad uso del personale dei negozi dello stabile. Nel cortile erano in corso dei lavori di fognatura ad opera dell'impresa Carlo Rebez, e quindi erano state aperte delle trincee, scoperchiati dei canali, ecc.

La signora J., nell'atto di aprire la porta di una latrina, metteva il piede nel vuoto e precipitava in una fossa piena di sterco, dalla quale a fatica riusciva ad uscire tutta stravolta per lo spavento, nauseata dalla lordura di cui era insozzata, dolorante nella persona e con tutti gli indumenti lordi. Dovette prontamente mandare qualcuno alla farmacia vicina per l'acquisto del necessario per farsi medicare le contusioni subite. Indi fu accompagnata a casa in vettura. Degli indumenti che indossava e precisamente un abito tailleur nuovo, la biancheria di seta, le scarpe ecc. tutto era ridotto in stato inservibile, inoltre era completamente fracassato l'orologio che portava al polso e le mancava un brillantino di un anello che portava al dito.

Il giorno dopo, data la persistenza dei dolori in varie parti del corpo, si recò da un medico, la dottoressa Maria Scrivanich, che le riscontrò una distorsione al metacarpo sinistro con tumefazione e dolorabilità ad ogni movimento, ed ematomi alle ginocchia, alla coscia sinistra e alla regione sacrale, che le rendevano difficile la deambulazione. Per un mese dovette restare in cura ed ebbe a sopportare spese non indifferenti per medicazioni [...]".

Grazie a quell'"avvocato di merda" che era mio padre l'impresa convenuta era stata condannata a pagare i danni alla signora, le cui richieste erano state ritenute non solo legittime, ma pure moderate, in quanto, "pur potendo, nulla ha chiesto per dolori e patema d'animo".

IV
EUROPA

Nell'antica Grecia era considerata cosa molto riprovevole disinteressarsi della cosa pubblica, tant'è che la parola *idiota* viene dal greco ιδιώτης, che significa privato cittadino.

Nella speranza di sentirmi meno idiota e spinta dai *miei* patemi d'animo io mi ero dunque sforzata di seguire le vicende del '68 e in terza liceo mi ero sentita obbligata a partecipare alle manifestazioni di piazza. Il Tucci e la Mausi, salottieri ma acculturati, mondani ma politicizzati, erano ben più vicini alla contestazione di me. Insieme ai loro amici li sentivo magnificare Marcuse, che personalmente non mi curavo di sapere chi fosse, mentre il Tucci s'inebriava di "Schadenfreude" – 'gioia del male altrui' – politica: "Ben ghe sta, a quel fascista de su pare, de gaver un fio contestatario". "Ha ha, che gusto, lu' che iera cussì anti *s'ciavo* adesso ghe toca una nuora slovena!".

Praticamente i genitori avevano tacitamente aderito a una rivoluzione giovanile che io non sentivo per niente, occupata com'ero dai miei amori, piuttosto che dall'idea di occupare la scuola. Quando una sera telefonai al Tucci per comunicargli che non sarei tornata a casa a dormire, perché rimanevo a occupare la scuola, si riempì d'orgoglio, lungi dall'immaginare che gli avessi mentito per andare a consumare la mia prima notte d'amore nella *garçonnière* di un collega del mio *quasi* fidanzato, impiegato in quella che lui, commerciante fallito e industriale ormai spiantato, si permetteva di definire ridendo una "Bancarella".

Per questo mio *quasi* fidanzato mio padre provava una certa simpatia, salvo considerarlo "politicamente immaturo". Ricordo le loro discussioni dopo la strage alla Banca dell'Agricoltura di Milano,[112] primo di una lunga serie di massacri che avrebbero insanguinato l'Italia degli anni di piombo e "i cui strascichi fanno tuttora 'Sofrire'", direbbe con humor tipicamente triestino il babbo, che in base al ragionamento del *cui prodest* aveva immediatamente attribuito l'attentato agli estremisti di destra. Il mio elegante impiegato piccolo borghese sorrideva invece con sufficienza di questa, secondo lui, *ingenuità* sinistrorsa di mio padre, perché era chiaro che un simile attacco a un emblema del capitalismo non poteva che provenire da una sinistra in subbuglio...

Essendo io protestante il mio peccato (di menzogna) non poteva passare impunito e finii per avere un inciden-

---

112. 12 dicembre 1969.

te d'auto non appena presa la patente, perché in occasione della mia prima andata alle urne mi sentivo talmente responsabilizzata da farne una malattia e anziché sulla guida ero concentrata sulla mia scelta elettorale, incerta se obbedire alle consegne e votare Psi o tradire il partito e il padre votando Pci come l'amico Ugo.

Lo scontro per mancata precedenza avvenne con un gentile attempato signore, al quale svelai in lacrime il motivo della mia distrazione. Mi volle affettuosamente consolare indicandomi per chi votare: "Guardi signorina, le consiglio io un gran bel partito... il Msi!". Scoppiai a ridere, replicando che veramente ero incerta fra il Psi e il Pci, lui mi guardò con aria incredula e l'incidente fu chiuso, conseguenze assicurative a parte.

Le crisi esistenziali finirono col portarmi dallo psichiatra e le storie sentimentali dal ginecologo, tant'è che il Tucci si rivelò un padre davvero eroico per quei tempi, sia pure di piena rivoluzione sessuale: gli davo la ricetta e lui andava in farmacia a comprarmi la pillola anticoncezionale, una delle prime in commercio, prescrittami prudenzialmente dallo psichiatra con grave scandalo del ginecologo cattolico.

L'esame di maturità fu un successo nonostante le prolungate assenze per esaurimento nervoso: come sempre nella vita, una parte non trascurabile di quest'esito positivo andava attribuita alla fortuna. Dopo un anno turbolento di occupazioni sessantottine e disordini di ogni genere facevamo da cavie per l'esordio del nuovo esame di maturità, scaturito dalla riforma del '69. Eravamo cavie ben felici di doversi portar dietro un modesto fardello di quattro materie, al posto del pesante 'Rucksack' che le conteneva tutte. La rosa nel mio caso si era ulteriormente ridotta, grazie alla connivenza del professore di matematica. Riuscii così a eliminare anche la filosofia, da sempre a me ostica, sia pure con un minimo margine di rischio perché non si sa mai, ma minimo davvero, perché il buon Verzegnassi, gran bevitore ed eccellente professore, era lungi dall'essere una carogna come il professore d'italiano della splendida *Notte prima degli esami* di Fausto Brizzi.

Dopo il buon esito dell'esame di maturità s'imponeva una decisione sul da farsi, cosa tutt'altro che facile, sempre in bilico com'ero fra le prediche della mamma che mi voleva felicemente sposata con tanti bambini e il Tucci che mi voleva professoressa di lettere. "Ricordati che ogni scelta implica una rinuncia!". Imperversava il Tucci, facendomi ingarbugliare le idee ancora di più. Anche se era sempre pronto a consolarmi se mai mi fossi pentita della decisione presa: "A tutto c'è rimedio, meno che alla morte".

Finii per non ascoltare nessuno dei due e anziché diventare professoressa di lettere felicemente sposata con tanti bambini lasciai che il caso mi trasformasse in interprete di conferenze libera e indipendente che poteva finalmente "scappare" di casa, abbandonando le contraddizioni di quell'ambiente borghese, ma rivolto a sinistra, che mi faceva perdere la bussola, col babbo socio appassionato di "Italia Nostra", da bravo "industriale marxisteggiante" qual'era,[113] che però si doveva subire un processo per inquinamento, e la mamma, sdegnata che non riuscissi a trovare l'uomo della mia vita, dopo che fin dalla più tenera pubertà mi aveva esortato al libero amore, anche se lei era andata a dire sì in Municipio del tutto illibata. Per corroborare la sua emancipazione si vantava dell'essersi sposata in tailleur beige, con grave scandalo della sua portinaia che si piccava di annunciare: "Anche mia figlia si sposerà fra un mese, ma in bianco, non come la signorina Vellat [...]".

Mi feci assumere in qualità d'interprete di conferenze dalla Commissione Europea, con grande orgoglio del Tucci che non finiva di chiedermi: "Hai visto qualche personaggio importante?". "Ma per chi lavori?. Non incontri persone importanti?". E io a rispondergli: "Papà, son tre giorni che parlo d'importazioni di sperma di toro!".

Adesso che sono in pensione leggo sul bollettino d'informazione della Commissione "Commission en direct" che uno sciccosissimo salone di bellezza di Londra, Chez Hari, propone un massaggio per capelli di 45 minuti a base di un miscuglio di sperma di toro e radici di piante [...]. Saranno di sicuro personaggi importanti che si fanno fare questo massaggio, quei personaggi importanti che io non incontravo, occupata com'ero a parlare d'importazioni di sperma di toro [...].

---

113.   Cfr. Enzo Bettiza, op. cit., pag. 348.

Scrivevo allora da Bruxelles:
"Caro babbetto,
non parlano di me in prima pagina e questo non è un giornale molto importante, comunque questi ministri li ho 'fatti'[114] io. Il nostro si chiama [...] e non lo vedo nella foto. La mia amica Giovanna è ormai diventata molto più importante di me: lei 'fa'[114] già i Ministri degli Esteri! Le secca molto e dice che il ministro degli Esteri tedesco e attuale Presidente del Consiglio dell'UE è odioso, arrogante, prepotente, non lascia parlare gli altri, vuol fare tutto lui. Per fortuna il mio capo non mi considera abbastanza brillante, così quest'onore-seccatura mi sarà forse risparmiato per sempre [...]".

Il babbo però faceva comunque "la coda del pavone", come amava dire, pensando che magari lo prendessi in giro per eccesso di modestia. A Trieste pareva fossi diventata Primo Ministro o ambasciatore negli Stati Uniti. Personalmente ero molto contenta di sentirmi finalmente pari a colei che il babbo chiamava con orgoglio la "scienziata della famiglia", una sua cugina nubile ed emancipata per eccellenza.

La Lia, biologa al Centro Nazionale delle Ricerche, oltre a chiamarsi Fischer si chiamava pure Fantuzzi perché suo padre Aldo, fratello della nonna Ada, s'era dovuto inventare un cognome fasullo per poter combattere nelle fi-

---

114. Da non confondersi con le espressioni: "me li sono fatti", "si fa".

la dell'esercito italiano nella prima guerra.[115] Guarda caso nella carta d'identità falsa di Arturo Paschi intestata ad Alberto Pasini sua madre risulta essere Fantuzzi Anna.

La Lia l'ascoltavamo tutti a bocca aperta quando ci parlava con aria divertita di colture di batteri o di acidi nucleici e aveva sempre suscitato in me una grande ammirazione, convertitasi in spirito d'emulazione. Di sicuro m'era servita da modello: nel fondo del mio animo avevo spesso pensato di voler diventare come lei e non come la mamma, di cui era peraltro ottima amica. Anche lei aveva avuto un rapporto conflittuale con la sua, e magari proprio questo l'aveva aiutata a farsi libera e indipendente.

Fra le carte del babbo una lettera inviata dall'Hotel Greystone, Broadway and 21st Street, New York 24, N.Y., del 20 ottobre 1963 così dice:

Caro Tucci,
desidero ringraziare Lei e la sua Signora, anche a nome di mia moglie, del bel regalo che hanno voluto fare per il mio matrimonio [...].
Mi spiace di non aver potuto ringraziarli personalmente a Monza [...].
Da due anni ho lasciato la ricerca scientifica per occu-

---

115. Anche Giani e Carlo Stuparich si erano arruolati sotto falso nome, per ridurre le possibilità di riconoscimento da parte degli austriaci in caso di cattura, infatti tutti i volontari triestini, cittadini austriaci, rischiavano il capestro in quanto disertori. Il nome di copertura di Giani era Giovanni Sartori.

parmi di psichiatria e psicanalisi. Ora mi trovo a New York per un anno accademico con una borsa di studio. Come in tanti altri campi, anche in questo siamo un po' arretrati in Italia e un soggiorno in America è indispensabile per essere aggiornati [...].

La mamma mi scrive che hanno parlato della Lia Fischer Fantuzzi. L'ho conosciuta a Pavia e abbiamo lavorato assieme per un certo periodo nello stesso istituto, ma da quando ho lasciato la biologia l'ho persa di vista. La prego anzi di salutarla, se avesse occasione di vederla [...].

Cordiali saluti,

Marco[116]

In questo mondo così piccolo, se mi sono pentita di essere andata a Bruxelles a causa del clima infame, per cui dichiaro in buona fede che nella prossima vita non ci penserò nemmeno a varcare le Alpi, non mi sono mai davvero pentita del mestiere che "la vita ha scelto per me", visto che il mio unico fine era quello (sic!) di allontanarmi da Trieste e dalla mamma, non certo quello di "vedere personaggi importanti".

Poco tempo prima di abbandonarci il babbo, in un impeto di confidenzialità, mi disse un giorno a bassa bassa voce, quasi vergognandosi di quello che stava per confidarmi: "Perché sai, a volte, la vita con tua madre non è facile!" al che io: "Ma papà, perché credi che me ne sia an-

---

116. Marco Bacciagaluppi figlio di Nino.

data da casa?". "Ma va, reagiva lui con ingenuo e sincero stupore, ... non me l'hai mai detto!". E sì che per tutta la vita le aveva rinfacciato: "Se un semplice sguardo potesse uccidere, sarei già morto da lungo tempo!".

A quanto pare la mamma, però, era *cattiva* solo con noi. Intanto le badanti che l'avrebbero accudita in vecchiaia l'avrebbero adorata: per forza, non voleva essere né lavata né vestita né passeggiata né tanto meno nutrita! Eppoi, il 21 ottobre 1994 il babbo mi aveva scritto una lettera, dopo che lei era stata ricoverata in ospedale per una frattura dovuta a una caduta fatta perché trascinata dalla sua ultima cagna, una pastora tedesca tanto bella dolce e paurosa quanto robusta, scovata nel rifugio per animali abbandonati.

Carissima Chiconza,
Ti scrivo a macchina per risparmiarti la fatica di decifrare la mia calligrafia, anche se non riesco a far camminare il nastro della macchina da museo.

Mi dispiace di aver perso le tue telefonate. La spiegazione è che con la mia sordità non sento le chiamate dal bagno e talvolta dalla cucina o se guardo la televisione. Aggiungo che, a parte altri impegni, fin che la Mamma [*maiuscolo!* nda] era in ospedale, da ultimo alla Pineta del Carso ad Aurisina, ero assente il pomeriggio. Oggi è tornata piuttosto di buon umore perché alla partenza abbracciata e baciata da compagne, fisioterapiste e infermiere, perché a quanto pare era più gradita di altre ospiti.

Quanto a funghi sono stato anch'io con la Giuliana ed altre amiche con modesto risultato personale per i porcini, ma ho raccolto molte russole, che ho aggiunto al nostro repertorio, e che erano molto buone cucinate dalla Silvia. Non da me, che non sono arrivato ai funghi, anche se, in questo periodo di assenza della Mamma [di nuovo maiuscolo, quindi non era una svista!], ho fatto anche arrosti, brodi e minestroni...

Insomma, se mi sono pentita di aver varcato le Alpi per motivi meramente climatici, non mi sono tutto sommato pentita di avere esercitato questo mestiere divertente, interessante, a volte affascinante, talora brillante, ma certo non prestigioso come molti credono: gli interpreti vengono considerati il più delle volte un male necessario di cui si farebbe volentieri a meno, se possibile vengono tenuti nascosti come qualcosa di cui sotto sotto è meglio vergognarsi e quando non sono visti come ingombranti vengono trattati come se fossero trasparenti. C'è tuttavia chi li considera dei mini-Einstein e vi posso garantire che si sbaglia di grosso, mentre altri, della vecchia scuola, pensano che LE interpreti non siano altro che prostitute di alto bordo e i maschi comunque tutti omosessuali.

Non dimenticherò mai l'espressione beffarda del preside della facoltà di lettere di Trieste, professor Petronio, in un colloquio che gli avevo chiesto quando già stavo lavorando a Bruxelles come interprete per discutere del mio eventuale proseguimento della facoltà di lettere, a cui ero stata iscritta e dove avevo superato tre esami. Mi rise quasi in faccia, facendomi capire che per lui altro non potevo essere se non una specie di *cortigiana*, togliendomi per sempre l'ambizione di laurearmi anche in lettere. ("Perché mi go due lauree!!!...").

Ebbene, figuratevi che gli interpreti (plurale maschile che include ambi i sessi come vuole la grammatica italiana) sono persone come tutte le altre (al pari peraltro degli ebrei), con i pregi e i difetti, i vizi e le virtù di tutti gli esseri umani. Non vantano necessariamente un'intelligenza superiore (al pari degli ebrei...), semplicemente hanno un talento particolare per le lingue, come altri ce l'hanno per il bisturi, per il pennello, per le pentole o per il computer.

Non occorre però nemmeno farli scomparire dalla scena come impicci (al pari degli ebrei...), visto che in taluni casi sembrano indispensabili. È tra l'altro interessante notare che la professione dell'interprete nasce ufficialmente proprio con il processo di Norimberga.[117] Inoltre si tratta

---

117. Un Tribunale Militare Internazionale formato da giudici in rappresentanza delle quattro potenze vincitrici della Seconda Guerra mondiale (Francia, Inghilterra, Stati Uniti, Unione Sovietica) giudicò nella città tedesca dal 29 novembre 1945 al 1° ottobre 1946 i maggiori gerarchi del Reich. Undici furono condannati a morte e impiccati il 16 ottobre 1946 (Ribbentropp, Keitel, Kaltenbrunner, Rosenberg, Frank, Frick, Streicher, Sauckel, Jodl, Seyss-Inquart). Il Feldmaresciallo Hermann Goering si tolse la vita in cella con il cianuro. Sette imputati furono condannati a pene detentive. Fra questi Hess, Doenitz e von Papen. Martin Bormann riuscì a fuggire in Sud America come il dottor Joseph Mengele. Nei mesi successivi davanti al Tribunale Militare Internazionale di Norimberga si svolsero altri dodici processi con 190 imputati.

di una professione che, come quella del giornalista, nelle zone in conflitto è ormai diventata pure a rischio.

Quando il babbo mi accompagnò all'aereoporto per il mio trasferimento a Bruxelles, fu la prima e unica volta che gli scorsi negli occhi lacrime vere. Con aria piena di speranza mi disse: "Ma fra sei mesi torni!". E pensare che proprio lui mi aveva incitato a studiare per trovare una professione degna. In realtà aveva tentato in tutti i modi di distogliermi dagli studi d'interpretazione e di convincermi a fare l'insegnante, sostenendo che quello dell'interprete non era un mestiere sicuro, che non mi avrebbe garantito la pensione ecc. ecc. Non immaginava che uno potesse essere assunto alla Commissione Europea per diventare interprete funzionario, pensava che questo strapazzato e strapazzante mestiere venisse esercitato esclusivamente da free-lance, liberi professionisti. Per sua fortuna non l'ho voluto ascoltare, perché è proprio grazie al mio stipendio di funzionaria europea che ho potuto più tardi aiutare lui e la mamma negli ultimi anni della loro esistenza, quando oltre a vecchi e malandati erano pure ridotti in miseria.

Divenne per lui motivo di vanto personale: "Vale la pena fare studiare i figli affinché si facciano poi carico dei vecchi genitori!". Raccontava in giro facendo la solita coda del pavone, dimenticandosi che questa fortunata circostanza era merito della mia "disobbedienza".

Scriveva a Bacciagaluppi in occasione del Natale 1988:

"[...]. Per il resto non mi ricordo fino a che punto tu sia informato delle mie vicende, fra cui quella che la mia casa va all'asta per la fideiussione da me data per l'azienda di cui ero socio [...]. Comunque la mia figlia facoltosa (sic!) perché funzionaria Cee a Bruxelles ha fatto un mutuo per procurarmi una casa più che decente [...]".

Il babbo era ormai ridotto a ringraziare la sua ferita di guerra che gli permetteva di sopravvivere, sia pure a malapena. Il 26 settembre 1950, tre mesi prima ch'io nascessi, la Commissione Medica per le pensioni di guerra di Trieste aveva emanato un "Primo Accertamento", "estratto dal verbale di visita subita dal partigiano Paschi Arturo", in cui si riscontrava la seguente infermità:
"Esiti di ferita all'addome e di conseguente intervento chirurgico consistenti in cicatrice soprapubica affondata ed aderente. Esiti di empiema sinistro e consecutivo intervento chirurgico. Esiti di nefrectomia sinistra per tbc".
In effetti, il 2 febbraio 1948 la Commissione Riconoscimento qualifiche partigiani per la Lombardia aveva deliberato che: "Il volontario Paschi Arturo, figlio di fu Silvio e di Ada Fischer, nato a Trieste il 13.3.14 ha diritto alla qualifica di partigiano combattente ferito".
Il 13 ottobre 1965 il Distretto Militare di Trieste, quello stesso Distretto che nel '39 lo aveva messo in congedo assoluto, aveva autorizzato "il sottotenente fanteria complemento Arturo Paschi a fregiarsi del distintivo della guerra di Liberazione [...] e ad applicare sul distintivo n. 3 (tre) stellette d'argento".
Il 2 maggio 1966 l'Esercito Italiano, Regione Militare

Nord Est, nella figura del Comandante Militare Territoriale di Padova determinava che: "È concessa al sottotenente Fanteria Complemento Arturo Paschi la Croce al Merito di Guerra in seguito ad attività partigiana".

Il 18 giugno 1969 poi sempre il Distretto Militare di Trieste lo iscriveva nel Ruolo d'Onore con il grado e anzianità 1° agosto 1936, fermo restando che dal 29 maggio 1953 era stato collocato in congedo assoluto, questa volta a motivo di una menomazione fisica reale e non per una semplice circoncisione. A decorrere dal 1 ottobre 1957 il sottotenente partigiano Paschi Arturo si era visto attribuire dal Ministero del Tesoro una pensione d'invalidità a vita, che però con l'andare degli anni come tutte le pensioni era stata rosa dall'inflazione e dall'inesorabile trascorrere del tempo.

"Carissimo Nino – scriveva sempre nella lettera a Bacciagaluppi del Natale 1988 – date le condizioni della tua vista e la mia difficoltà a rendermi leggibile penso farti cosa grata collo scrivere a macchina. La tua calligrafia è per me leggibilissima, ma mi dispiace per le pene che hai avuto e le attuali difficoltà.

[…]. Io sono nella situazione opposta, nel senso che non ho più responsabilità, salvo lo sforzo di raggranellare qualche lira come operatore dei 'fondi comuni', ma che sarebbe la mia unica entrata da aggiungere all'unica sicura che mi viene dalla pensione per invalidità di guerra, della quale potrei dire che sono debitore a te!".

Nel tentativo di riscattarsi dalla miseria senza chiedere aiuto alle figlie il babbo era infatti divenuto promotore finanziario. Aveva accolto l'invito a passare un paio di giorni a Santa Teresa di Gallura, in un lussuoso villaggio vacanze di cui non finiva di vantare le bellezze, per imparare a rastrellare i risparmi d'innocenti cittadini promettendo loro guadagni irresistibili per conto di grossi cinici frodatori. Per fortuna avevo appena comperato una vecchia casa tutta da ristrutturare a Bruxelles e non avevo più un centesimo da investire. Mi sono spesso chiesta se gli avrei perdonato, qualora fosse riuscito a convincere anche me, che pur diffidando mi sarei alla fine sentita obbligata moralmente a cedere al suo ricatto psicologico.

Debbo dire che aveva avuto la comprensione di tutti quelli che erano ingenuamente caduti nella trappola del delinquente, certo Cultrera poi fuggito in Sudamerica, iniziatore di quello che sarebbe stato solo il primo di una lunga serie d'imbrogli ai danni dei risparmiatori italiani.

Chi conosceva il Tucci sapeva che aveva agito in totale buona fede. Perché non avrei dovuto assolverlo anch'io? Debbo riconoscere ai triestini di non avergli mai voltato le spalle o tolto il saluto, nemmeno quando fu chiusa la fabbrica Panfili.

Leo e Tucci non avevano dichiarato fallimento, bensì concluso un concordato, salvando così l'onore, con grande orgoglio da parte loro.

Racconta Mario Paschkes nelle sue memorie che nel testamento di suo padre stava scritto: "Ai miei figli raccomando di essere sempre onesti e corretti perché il nome che portano continui senza macchia come sino ad oggi".

Essere onesti negli affari è comunque un precetto della Torah, in barba a tutti i pregiudizi.

Solo "Borella", l'amicone di Leo e Tucci nonché di Mario Paschkes, che aveva personalmente aiutato a sistemarsi in Brasile fungendogli anche da testimone di nozze, continuava anni dopo la sua morte a rinfacciare a quel *gnampolo* di mio padre di essere andato in giro a offrire "un prodotto che mai no ghe gaveria proposto né a vedove né a orfani".

Ero ormai a Bruxelles da un mese e stavo pranzando alla mensa del Consiglio dei Ministri della Comunità Europea – non si chiamava ancora Unione Europea – con la mia compagna di studi e di emigrazione Giovanna – lei sì che aveva pianto al momento del distacco dalla famiglia! – quando fummo avvicinate da una moretta che, sentendoci parlare in triestino, decise di poterci rivolgere la parola in italiano. Era la Paola, da poco arrivata da Pisa dopo aver vinto un concorso al Consiglio dei Ministri della CEE. Giovanna, Paola e io diventammo inseparabili e lei ci presentò alcuni suoi colleghi del Consiglio di cui diventammo pure grandi amiche.

Almeno una volta all'anno venivano a trovarmi il Tucci o la Mausi, separatamente, perché la mamma diceva di voler fare "vera vacanza" (sic!), e ogni volta si organizzavano grandi cene. Era questa un'usanza frequente con tutte le conoscenze brussellesi: spesso le madri che venivano dall'Italia erano grandi cuoche, felici di esibirsi per i compagni del figlio emigrato. Il Tucci e la Mausi conoscevano praticamente tutti i miei amici di Bruxelles e a forza di cene e importazioni di sperma di toro passavano gli anni e il Tucci continuava a chiedermi se avessi incontrato personaggi importanti. Invece, indifferente all'importanza dei personaggi che avrei potuto incontrare nel mio lavoro quotidiano, io mi ero stancata di quella professione così stancante e avevo chiesto e ottenuto di passare al servizio di traduzione della Commissione. Ora, in genere i profani tendono a confondere i due mestieri che, se in alcuni casi sono assimilabili, in origine sono ben diversi e richiedono capacità e talenti diversi, a parte una conoscenza eccellente delle lingue straniere, unico tratto che abbiano davvero in comune.

Mi ero installata da due giorni nel mio nuovo ufficio quando arrivò il Tucci in visita. Un luogo d'incontro abituale all'ora di pranzo era la Rosticceria Fiorentina, ottima trattoria toscana frequentata da tutti i giornalisti accreditati presso la Comunità. Lì avevo dato appuntamento al Tucci per il pranzo e lì lo trovai a discutere con un signore brizzolato e baffuto che avevo già visto molte volte, sempre accompagnato da una ragazza che sembrava parecchio più giovane di lui e poco più vecchia di me. Fu il babbo a presentarmi questo mio nuovo collega della traduzione, che ancora non avevo avuto modo d'incontrare. Il babbo era un gran curiosone e attaccava facilmente discorso con chiunque. Nel corso di una sua precedente visita stavamo un giorno aspettando il treno per Anversa, quando decise di avvicinare uno sconosciuto sulla banchina, mettendosi a chiacchierare con lui fino a deplorare il fatto che non lo avessi ancora reso nonno. Per fortuna arrivò il treno a togliermi dall'imbarazzo.

Era il giorno di Pasqua, non so più se marzo o aprile. Marzo o aprile che fosse, erano in atto le famose *giboulées de mars*: all'improvviso si scatenano vento e pioggia piuttosto violenti, che però non durano a lungo, e altrettanto repentinamente sbuca di nuovo il sole. Salvo che le *giboulées* della Pasqua di quell'anno ad Anversa non erano di pioggia, bensì di neve. Dopodiché usciva un sole sfolgorante. Ridevamo e andavamo d'accordo nell'alzare lo sguardo al cielo per poi incrociarlo chiedendoci divertiti: "E adesso cossa toca, sol o neve?". E contammo non so più quante alternanze di sole e neve in quel giorno di Pasqua ad Anversa, in cui più che i diamanti degli ebrei al babbo interessavano le bellezze della città, anzitutto la bronzea Minerva del suo amico Marcello Mascherini che svetta lungo la Schelda dinanzi al porto.

Il babbo, curioso e impaziente come sempre, mentre mi aspettava a un tavolo della trattoria a Bruxelles aveva attaccato bottone a quel signore per scoprire che si conoscevano benissimo da *temporibus illis* a Trieste: non solo erano correligionari, tutti e due ferocemente anticlericali ma altrettanto attaccati alla loro identità ebraica, erano pure stati compagni nel Partito d'Azione e anche l'altro era stato costretto a un certo punto a rifugiarsi in Svizzera. Era certo più giovane del babbo, ma neanche tanto, e aveva avuto una vita abbastanza movimentata, in tutti i sensi, che ci raccontò. Era stato anche lui interprete per poi passare alla traduzione e mi mise immediatamente sull'avviso: "In che gruppo hai chiesto di andare?". "Ho chiesto di andare all'agricoltura". "Bene, vedrai che ti metteranno nel gruppo economia e diritto". E così di fatto fu. Mi aveva sciorinato tra l'altro l'elenco dei buoni e dei cattivi perché sapessi dove andare a parare e devo dire che tutto quello che ho sentito da Alfredo Vig si è sempre rivelato nuda e cruda verità.

Alfredo era stato sulle barricate ai tempi eroici dell'interpretazione, quando era appena stato costruito scandalo su scandalo il famoso edificio del Berlaymont, nel quale si pretendeva che gli interpreti lavorassero in sale senza finestre poste nell'interrato con aria riciclata dai garage.

Come mio padre, Alfredo si dilettava di cinema, anzi aveva pure lavorato a Cinecittà da professionista e, una volta rassegnatosi a diventare funzionario della Commissione Europea, aveva girato con un amico e collega un film sul primo scandalo del Berlaymont, che con il passare degli anni ne vedrà di cotte e di crude e finirà col subire grosse trasformazioni, restando tuttavia perenne come il ponte sulla Drina.

Come il babbo, il Vig divideva il mondo in fascisti e antifascisti e anche lui conosceva ebrei antisemiti o che facevano diventare antisemita il mondo. Era molto amico di Silvio Cusin, altro membro del Partito d'Azione nonché attivo antifascista, che vanta delle parentele Bernheim, per cui gratta gratta negli archivi con attenzione si finirebbe magari con lo scoprire che siamo della stessa famiglia.

Alfredo Vig ci abbandonò un paio d'anni appena dopo essere andato in pensione in seguito all'ennesima crisi cardiaca, lasciando un gran vuoto nell'animo di chi gli aveva voluto bene, compresa me che lo avevo conosciuto così tardi. Era stato un caso classico di genio e sregolatezza, superintelligente e coltissimo, con poca voglia di andare in ufficio e parecchie grane con le sue ex donne.

Nel periodo in cui faticavo negli stessi uffici del Vig il babbo mi fece un giorno una grande rivelazione: ma lo sai che la tua amica Paola è la migliore amica di tua sorella Manuela?

Di questa sorellastra Manuela detta Titti io conoscevo l'esistenza da prima di venire a Bruxelles, perché quando si era sposata, la Silvia e io avevamo finalmente avuto il diritto di sapere che era venuta al mondo, frutto della relazione prematrimoniale del Tucci con la simpatica signora Anita, che mai ce ne vorrà a me e alla Silvia, anzi ci tratterà sempre con affetto quasi fossimo anche noi figlie sue. Mi precipitai dalla Paola per chiederle perché mai avesse taciuto questo "piccolo" dettaglio e mi rispose ridendo che entro un paio di settimane la sua grande amica sarebbe venuta a trovarla con il marito e il figlio e quindi avrei avuto modo di conoscerla.

La Paola dopo quel nostro primo incontro alla mensa del Consiglio dei Ministri della Cee era tornata a Pisa, raccontando con la massima innocenza alla sua amicona che a Bruxelles aveva conosciuto una che si chiamava Paschi come lei. La Titti era scoppiata a ridere: "Credo proprio che si tratti di mia sorella!". Lei infatti veniva regolarmente messa al corrente di tutti i nostri movimenti dalle lettere che il padre non trascurava di mandarle. La Paola ora sapeva che la Titti aveva una sorellastra, ma non sapeva se io sapevo e così, riservata com'era di natura, a me non aveva mai detto niente.

L'incontro fu lievemente imbarazzato, ma commosso e affettuoso e da quel momento non avremmo più perso i contatti. Lei era identica al padre, sembrava la sua gemella più giovane. "Il Tucci con la parrucca" l'avrebbe definita la Silvia. In pratica non solo Bruxelles mi aveva permesso di fuggire di casa in maniera lecita e addirittura onorevole, ma mi aveva fatto incontrare la sorella mancante che magari rimanendo a Trieste non avrei mai conosciuto.

In quello che sarebbe stato il suo ultimo incontro col padre successe qualcosa che ha dell'incredibile. Si erano trovati a Venezia per andare insieme a Palazzo Grassi a visitare non so più quale mostra. Come spesso avviene, i loro percorsi all'interno del museo si erano a un certo punto separati. Nostro padre aveva incontrato per caso una signora della buona società triestina, di cui per fortuna posso dire che non è nata a Trieste, e le aveva spiegato che stava visitando la mostra "con una delle sue figlie". All'ora di pranzo Tucci e Titti, molto simili anche nella famelicità, si trovavano seduti a un tavolo della "caffetteria", (ridicolo neologismo per ristorante-bar) non lontano da dove la signora di cui sopra era seduta con suo marito. Con elegante *nonchalance* la signora si alzava per avvicinarsi al tavolo di Titti e Tucci, apostrofando in tono provocatorio nostro padre: "Io conosco benissimo le sue figlie, questa NON è una delle sue figlie!". Un'elegante signora della buona società triestina!!! La Titti ne era rimasta sconvolta e ancora di più sembravano averla turbata le complicate elucubrazioni che a mo' di spiegazione aveva addotto il padre, il quale si era sentito in dovere di giustificare questa presenza femminile apparentemente aliena. Ma chiunque fosse dotato di un minimo di buon senso avrebbe subito intuito la situazione, vista la somiglianza che la faceva apparire un suo vero clone.

La nonna Ada a suo tempo, da brava madre di maschio, aveva osato insinuare che la figlia gli fosse stata attribuita indebitamente, ma la Mausi, che un'unica volta l'aveva intravista per caso di passaggio a Trieste, aveva dichiarato che il suo Dna era evidente al primo sguardo.

Era però colpa della Mausi se la Silvia e io eravamo state private di questa sorella maggiore, la mamma si era inchinata di fronte all'evidenza del fatto che il babbo con lei non si fosse sposato vergine, però aveva chiesto e ottenuto che la cosa venisse tenuta nascosta e che le due "famiglie" non venissero mai in contatto.

Secondo un amico molto pettegolo "el Tucci iera un gran cotoler" e avrebbe "incìntato" anche un'altra signora triestina, la quale aveva provveduto a eliminare il frutto del peccato, difendendo a spada tratta il suo seduttore: era lei la sola responsabile per essere stata troppo "calda"...[118]

A prescindere dal calore, al babbo piacevano le donne belle, ma non troppo sofisticate. Quelle eccessivamente modeste le disprezzava definendole "fate in casa", ma di quelle troppo imbellettate esclamava con sufficienza: "Volesi vederla ale 5 de matina!". Delle brutte mogli soleva dire: "El la ga sposada 'um sich zu abgewöhnen'", per levarsi il vizio. E dell'amico Mario, eterno fidanzato della stessa fanciulla fino alla vecchiaia e da sempre fedifrago impenitente: "El la sposerà co'l gaverà ragiunto la pase dei sensi!".

Chissà com'era la moglie del direttore di Radio Lugano, che nei pettegolezzi dell'amico di cui sopra sarebbe stata pure lei un'amante del Tucci quand'era rifugiato in Svizzera. A conferma di questo non c'è nessuna prova e, a parte l'amico pettegolo, chissà se sopravvive ancora qualcuno che possa corroborare o smentire.

L'estate in cui il Tucci fu colpito per la prima volta da infarto mi trovavo a mia volta in Svizzera, in visita dai cugini israeliani ormai emigrati sul suolo elvetico, in occasione del Bar Mitzvah del cuginetto Ben. Mi telefonò la

---

118. Un giorno che raccontavo le insospettate esperienze di play-boy del babbo a Gillo Dorfles, che lo aveva conosciuto in gioventù, questi mi guardò con un sorriso fra il divertito e l'incredulo: "Pensare che il Tucci sembrava un ragazzo così *rangé* (ammodo)!".

Silvia e dovetti precipitarmi a Trieste dove trovai il papà, in rianimazione da due giorni, simile a un cadavere. I medici lo davano per spacciato, ma lui finì col risuscitare all'ennesima delle sue sette vite. Già quand'ero al Liceo avevamo rischiato di restare orfane di madre vedova per di più senza mezzi, perché il Tucci era entrato in ospedale per un'embolia polmonare senza aver disposto nulla in caso di decesso, neppure un'assicurazione sulla vita, limitandosi a chiedere con la massima innocenza al Nino: "Se mi succede qualcosa ci penserai tu a loro tre?", esacerbando il mai sopito rancore del suocero nei confronti di chi non solo gli aveva "rubato" la figlia, ma per di più aveva sempre peccato d'ingenuo ottimismo, riducendosi a non essere più in grado di mantenere il livello di vita che le aveva prospettato al momento dell'allora irrevocabile sì.

Trieste, 26 settembre 1991

Gentilissimo dottor Paschi

Lei può continuare a darmi del tu, io da parte mia riprendo il Lei di quando ero giovane. Così facendo impongo un freno al mio contegno manchevole. Io provengo da gente poverissima. Non ho avuto la 'Kinderstube' ('buona' educazione) che distingue Lei nato sotto una stella ben differente dalla mia.

È una perfida menzogna affermare ch'io sia trasceso a vie di fatto verso la Sua signora. Durante il violento battibecco la signora s'è seduta sul pavimento. Io, malgrado l'ira che mi pervadeva, ho dovuto ammirare per un istante la destrezza con cui l'ha fatto: piegando il ginocchio destro e senza toccare il pavimento con le mani. Perché l'ha fatto? Per poter dire alla madre che assisteva alla scenata ch'io l'avevo gettata a terra. Il segno a cui Lei accenna è di data anteriore.

Già, finché invitavo la Sua signora a soggiorni sciatori a Sestriere, Chamonix, Zermatt, Cortina, Corvara, ero il 'PAPI'. Da quando i miei mezzi non mi permettono più queste liberalità, sono divenuto il padre da cui la Sua signora non ha mai avuto nulla nella vita, il padre a cui questo deplorevole fatto si rimprovera ad ogni pie' sospinto, il padre che con gli atti e con le parole si esaspera oltre ogni limite. E perché? Per sfogare un livore che non mi so spiegare, ma che c'è.

La Sua signora mi ha augurato un infarto definitivo. Informo Lei e la Sua signora che nessun vantaggio deriverà Loro dalla mia morte.

Ad ogni modo mi trovo sotto osservazione del prof. Camerini e spero naturalmente che l'esito degli esami sia per me favorevole.

Distinti saluti

A. Vellat

L'embolia polmonare il babbo se l'era procurata grazie a un'operazione al tendine d'Achille, di cui in casa si conservavano non so perché le macabre fotografie con ferri e bisturi intenti a lavorare sui tendini sanguinolenti. Il tendine d'Achille gli si era spaccato a causa di una caduta sugli sci, in una domenica primaverile in cui mi aveva portato in idillio con lui sulle nevi del monte Lussari, frequentata meta domenicale di triestini e friulani. Era caduto per evitare un albero, per fortuna forse, perché se avesse abbracciato l'albero avrebbe potuto farsi peggio. Con il suo solito buonumore e imperdonabile ottimismo aveva dichiarato di non essersi fatto granché male e aveva continuato a sciare come se niente fosse fino alla fine della giornata, forzando così sul tendine già strappato.

Per due giorni dopo il *suo* infarto al babbo non avevano dato da mangiare, poi lo avevano nutrito con la flebo e infine lo avevano trasferito in un reparto qualsiasi dove a ora di pranzo gli vidi recapitare pastasciutta con il sugo e patate fritte. Protestai scandalizzata mentre lui protestava a sua volta con me che volevo privarlo di quelle leccornie: ci volevano due giorni perché gli ordini di menù speciali venissero recepiti in cucina. E intanto uno si faceva la recidiva dell'infarto? Per fortuna mi scovarono il brodino di una vecchia inappetente e il babbo si poté fare la sua dieta. Tornò a casa ristabilito, ma dopo qualche giorno ebbe una ricaduta e io dovetti rinunciare a prendere il "vapore", come lo chiamava lui, per la Grecia, dove avevo avuto la malaugurata idea di comperare una casa per le vacanze.

Il pallino per la Grecia ce l'avevo avuto fin da piccola: sapevo a malapena leggere che già mi avevano regalato *Storie della storia del mondo*, versione per bambini dell'Iliade. A forza di leggere e rileggere il libro conoscevo ormai a memoria avventure e disavventure degli eroi della guerra di Troia, i Troiani essendo i miei prediletti. Ettore ed Enea me li sognavo di notte sperando di sposarmi uno di loro da grande. Achille non mi diceva niente, quasi avessi avuto un sesto senso. Poi a scuola la compagna Luisa m'iniziò alle meraviglie di *Vita meravigliosa*, enciclopedia per ragazzi in più volumi, che dava ampio spazio agli antichi miti greci. Infine in Grecia ebbi la mia unica "avventura" politica, dopo che mi ero iscritta alla sezione giovanile del Psi.

Avevo deciso di "giocare alla Fallaci"[119] e volevo visitare a tutti i costi la Grecia dei colonnelli proprio nel periodo in cui loro torturavano in prigione il suo grande amore Alexandros Panagulis. Come se non bastasse ci andavo con un mio ammiratore, impelagatosi molti anni più tardi in Tangentopoli, che in quel periodo era segretario del Psi giovanile e quindi probabilmente tenuto sott'occhio dalle spie dei colonnelli.

Il viaggio in quegli anni si faceva necessariamente via terra attraversando la lunga Iugoslavia, passando dalla misera e sporca Macedonia, la cui unica ricchezza sembravano essere montagne di angurie vendute per strada da folcloristiche contadine col capo coperto dal fazzoletto e avvolte in lunghe gonne variopinte, quelle stesse gonne sot-

---

119. Oriana Fallaci (1929-2006). Giornalista e scrittrice. Fra i libri più noti *Lettera ad un bambino mai nato* e *Un uomo* dedicato al compagno Alexos Panagulis, eroe della Resistenza greca al regime militare dei colonnelli.

to le quali le *juzke* un po' più danarose avrebbero contrabbandato da Trieste strati su strati di jeans in quegli anni di boom per questo prodotto nella metropoli giuliana.

Non ricordo più se avessimo dormito da qualche parte, di sicuro avevamo fatto sosta nell'ardente piana della Tessaglia in una città bruttissima, che potrebbe essere Larissa o Lamia. Dopo avere interrogato l'oracolo di Delfi eravamo finalmente giunti ad Atene, dove fummo curiosamente contattati da un greco di una certa età, che sembrava incarnare al di là del dovuto il proverbiale, ormai cancellato del tutto, spirito greco dell'ospitalità. C'invitava a pranzo e a cena nelle migliori *ouzerie* della Plaka, quartiere allora malfamato, facendoci scoprire una cucina succulenta a noi sconosciuta. Si guardava sempre attorno con aria circospetta, sciogliendo il nostro dubbio che potesse trattarsi di un informatore del regime messo alle nostre calcagna. Finì col mandarci a Kardamili, in quel verde e antico Peloponneso ora divorato per sempre dalle fiamme della stolta avidità umana.

Dopo aver visitato Micene, Sparta, Argo e Calamata e in attesa di risalire verso Olimpia arrivammo a Kardamili, villaggio all'epoca quasi inesistente sulla costa alle pendici del monte Taigeto. Il nostro "amico" ci aveva indirizzato a sua cognata, un'americana che aveva lì una villa. Diventava così sempre più ambigua la situazione e sempre più oscuro il motivo per il quale ci aveva contattato ad Atene: era per gettarci nelle fauci del nemico o per qualche altra misteriosa ragione?

La cognata americana era solo una comoda copertura, una devota moglie straniera, una spia delle spie o magari un'infiltrata della resistenza al regime?

Ci sistemammo nell'unico albergo, tenuto da una coppia anzianotta, forse lui greco e lei belga o qualcosa del genere, ubriaconi e viziosetti. Gli altri ospiti erano un gruppo di giovani della Milano bene e i due arzilli vecchietti cercavano in tutti i modi di coinvolgere noi e gli altri in una qualche orgia. Erano oltremodo generosi nell'offrirci alcol e sigarette e sono sicura che ci drogassero a nostra insaputa, perché eravamo sempre un po' intontiti, più del dovuto per un goccetto di *whisky* o di *ouzo* o un bagnetto di sole. Io di sera spesso fuggivo per passare il tempo in solitudine a ubriacarmi piuttosto del rumore della risacca contro gli scogli, fantasticando una vita felice e piena, anche se piena non sapevo neppure io di cosa. Nell'insieme fu una vacanza ricca di piacevoli sorprese, sotto il profilo culturale e gastronomico. Anche l'ospitale cognata americana si rivelò un'interessante conversatrice. A Kardamili ci divertimmo molto, nonostante tutto, e quel villaggetto restò nei miei sogni il simbolo di una Grecia mitica arcaica e serena.

Tornammo ad Atene con le dovute soste turistico-culturali e ritrovammo il nostro amico, sempre ospitale e circospetto che, finalmente lo si capì, voleva lo mettessimo in contatto con alcuni studenti fuoriusciti. Le università italiane pullulavano in quegli anni di studenti greci, fossero oppositori o spie del regime. Non ricordo più cosa gli promettemmo, ma da quel momento diventammo circospetti pure noi, perché avevamo la netta sensazione di essere seguiti e controllati. Sulla via del ritorno ci fermarono in un bar non lontano dal confine. Un poliziotto tentò di afferrarmi per i capelli, talmente corti che gli scivolarono fra le dita, e mi chiese in modo brutale perché mai li portassi così. La mia capigliatura piuttosto all'avanguardia per quegli anni lo aveva insospettito, come il fatto che parlassi tante lingue. Continuò a interrogarmi, lasciando perdere il mio compagno di viaggio, forse perché non avevano una lingua in comune. Quando al suo incalzare scoppiai in un pianto terrorizzato capì che non potevo essere un agente segreto e ci lasciarono andare. Il mio povero autista fu costretto a guidare tutto d'un fiato fino a Trieste, a parte qualche istante di sonno concessogli ogniqualvolta mi rendessi conto che la macchina stava sterzando pericolosamente fuori controllo: la grande avventuriera voleva tornare dalla mamma e dal papà.

Se da giovane per disperazione mi ero sforzata d'interessarmi alla politica, da grande per disperazione mi ero messa a ristrutturare case, ogni volta pentendomene amaramente nonostante i risultati positivi, anche perché finivo sempre col comperarle troppo spaziose per le mie esigenze. Però ogni volta mi pareva di fare un "affare", e comunque era meglio litigare con gli operai che con la Mausi.

Così, tornata molti anni dopo in una Grecia riconquistata alla democrazia e ormai membro del club europeo, mi ero lasciata incantare da quest'isoletta a sud di Corfù che i Greci chiamano Paxì, curiosamente assonante con Paschi, che fosse un segno del destino? Le guide turistiche ammoniscono: "Attenti, andrete a Paxos – questo il nome in inglese e in italiano – per due giorni e ci resterete per due settimane!".

Avevo comperato una casa spaziosa pensando anche agli altri, perché uno dei vantaggi di Paxì-Paxos era che la si poteva raggiungere con relativa facilità da Trieste, da dove partiva un traghetto dell'Anek Lines, poi disgraziatamente traslocato a Venezia. Sognavo che mi sarebbero venuti a trovare sorelle, nipoti, amici e, soprattutto, i genitori.

La Silvia, che giorno dopo giorno assisteva al degrado fisico di Nino, Mausi e Tucci ed era una volta scoppiata in lacrime dicendomi: "Ma come credi che sia la vita con questi tre vecchi?", aveva cercato in tutti i modi di dissuadermi dal portare i genitori in Grecia in una casa semi-cadente dove non c'era nemmeno un letto. Aveva tentato di convincermi che difficilmente il Tucci avrebbe sopportato quel viaggio lungo, per andare in un paese caldo, in una casa priva di comodità. Io però continuavo a sopravvalutare le forze dei nostri "vecchietti" e partii da Bruxelles con la macchina carica di letti pieghevoli e poltroncine da montare che non si sapeva con quale aiuto avrei montato.

La Silvia poi, ormai rassegnata, aveva fatto ricorso al suo solito ingegno, scovando nella cantina del Nino alcune vecchie sedie da terrazzo, che riuscì ad appiopparmi assieme a due antichi tavolini da bridge della Mausi, esposti da anni alle intemperie del suo balcone di cucina, ma pur sempre utilizzabili in mancanza di meglio. Anche questo riuscimmo a stivare nella mia modesta, ma capientissima Ford Fiesta, in partenza da Trieste.

La Mausi comunque non aveva nessuna intenzione di venire, con la scusa che doveva assistere il Nino, il quale in realtà era ufficialmente assistito da infermiere professioniste, mentre la mamma a malapena si recava da lui in visita, perché in rotta con quella che definiva ridendo la sua "matrignetta", amante di sempre che il Nino aveva impalmato alla morte della Hella e che era parecchio più giovane di lei. I disagi del viaggio risultarono evidenti in quelle due ore in automobile sotto il sole in attesa dell'imbarco sul "vapore". Io dovevo andare ogni mezzora a fare pipì e non c'erano attrezzature all'uopo, il babbo moriva di sete e di noia più che di caldo ed era più corrucciato che mai, la Silvia ci teneva pazientemente compagnia lasciandomi intendere con lo sguardo: "Te l'avevo detto io!".

Finalmente c'imbarcammo, in una cabina di lusso per garantire al babbo tutte quelle comodità che non avrebbe trovato nella casa sull'isola. Il babbo e io soffrimmo molto per il freddo gelido che l'aria condizionata soffiava nella lussuosa cabina, quasi che la temperatura dovesse scendere in proporzione alla superiorità della sistemazione. Per fortuna per le due buone forchette che eravamo si mangiava bene, e un cortese cameriere ci avrebbe preso in simpatia e servito con riverenza per quel viaggio e anche per quelli successivi.

Il viaggio era proprio lungo, anche se, come per tutte le cose da tempo agognate, s'intuiva che l'inesauribile attesa avrebbe reso ancora maggiore il piacere dell'arrivo. Una volta sbarcati a Igoumenitsa attorno a mezzogiorno bisognava pazientare fino alle quattro per l'altro traghetto, che ci avrebbe portato sull'isola. Per fortuna lungo il porto della rovente Igoumenitsa sfilavano uno dopo l'altro taverne e bar lussureggianti di un'ombra fiorita ulteriormente rinfrescata dalla brezza marina. Scoprimmo inoltre che si mangiava molto bene in una di queste taverne, elemento non trascurabile per far passare il tempo al Tucci stanco e accaldato.

Lo stress però non era ancora finito, perché lo sportello per il traghetto, in un posto accuratamente scelto sotto il sole a picco, apriva poco prima delle quattro e la ressa alla greca non prevedeva nessun ordine di priorità. Ma nelle file per i mezzi di risalita in montagna d'inverno avevo imparato a difendermi dai soprusi altrui esercitandoli a mia volta sugli altri e con qualche azzeccato spintone qua e là riuscii a guadagnare il nostro posto sul traghetto. Ancora un paio d'ore e saremmo arrivati a destinazione.

Un letto pieghevole per me, uno per il babbo, una poltroncina che ce la feci a montare da sola ma che, come le sedie del Nino, era del modello *sdraio*, reclinato all'indietro, per cui non permetteva di stare comodamente seduti al vecchio tavolo da bridge. Insomma il povero papà, che mai in vita sua aveva sofferto di artrosi, reumatismi o mal di schiena, per tutta quella vacanza non fece che lamentarsi. Era con grande fatica che riusciva ad alzarsi da quelle sedie accartocciate e, come se non bastasse, aveva grosse difficoltà a entrare e uscire dal mare, su quelle spiagge ancora relativamente poco addomesticate, coperte di ciottoli insidiosi e traballanti, sui quali si ostinava a camminare a piedi nudi, spesso col rischio di cadere e farsi male.

Un giorno me ne andai a fare una lunga nuotata, raccomandandogli di rimanere a riva ad aspettare il mio ritorno prima di avventurarsi nell'acqua. Come un bambino capriccioso e impaziente disobbedì e lo trovai disteso in balía della risacca, incapace sia di spingersi al largo sia di tornare a riva, con il rischio reale di annegare, lui che si vantava di saper nuotare benissimo. Per fortuna un gentile bagnante greco lo stava per soccorrere quando arrivai io a sgridarlo, nonostante fossi in colpa per averlo abbandonato. Saremmo d'ora in poi andati a una spiaggia sabbiosa con tanto di lettini, ombrelloni e ristorante annesso: per lui la felicità ritrovata, per me la sicurezza.

Comunque bagni, cibo e sonno non gli mancarono, il che bastava a renderlo contento anche se, non me lo disse mai, ma era certamente molto perplesso di quella specie di catapecchia che avevo comperato per sfuggire alle mie, per lui incomprensibili, depressioni.

"Crisi di panico? Tu hai crisi di panico? Ma spiegami, che cos'è una crisi di panico? E perché hai le crisi di panico? E che cosa avrei dovuto fare io allora durante la guerra?". Come spiegargli che era proprio l'idea della guerra, con i tedeschi, con le persecuzioni, con i campi di concentramento e con tutti i suoi annessi e connessi che mi provocava le crisi di panico, anche se nulla di tutto questo avevo vissuto direttamente sulla mia pelle? Come dirgli che a qualcuno la sola idea che tutto questo fosse esistito anche senza averlo visto con i propri occhi poteva far passare la voglia di vivere? Quella voglia di vivere che in lui la guerra con le sue conseguenze non solo non aveva represso, ma sembrava quasi aver stimolato?

Simpatizzò moltissimo con una coppia anglo-italiana perplessa quanto lui sul mio acquisto, che una sera ci invitò nella sua magione ormai elegantemente rimessa a nuovo, elemento mondano graditissimo al Tucci, che sotto sotto forse si annoiava a star sempre solo con me, socievole com'era.

Il giorno della sua partenza lo accompagnai fino a Igoumenitsa, per sistemarlo personalmente sul traghetto di ritorno a Trieste, raccomandandolo alle cure degli inservienti di bordo. Entrò nella lussuosa cabina gelida che non avrebbe dovuto dividere con nessuno strabuzzando gli occhi dall'infelicità per il freddo. Pare poi che durante il viaggio si fosse perso non poche volte nei labirintici corridoi dell'immenso "Venizelos", dove io stessa faticavo a orientarmi. Comunque arrivò a destinazione sano e salvo con un unico rimpianto: non era riuscito ad assaggiare i da me tanto decantati *cocolezi* come li chiamava lui, una specialità greca denominata *kokoretsi*, interiora di agnello arrostite nel loro budello, una vera bomba di colesterolo, ormai introvabili a causa della follia vaccina.

Quando tornai nella mia fiorita catapecchia di Paxos, mi resi conto costernata dell'origine del suo inabituale mal di schiena: gli avevo rifilato senza rendermene conto un lettino pieghevole difettoso la cui rete presentava al centro un vero e proprio avvallamento. Povero papà, ma che vacanza gli avevo propinato!

L'anno dopo sarebbe venuta anche la Mausi, perché nel frattempo il Nino aveva "distirato i crachi", ovvero si era fatto "el capotin de legno", o ancora era andato a "sburtar radicio" e la matrignetta della Mausi era rimasta a sua volta vedova.

L'anno in cui venne la Mausi fu, dicevano, l'anno più caldo degli ultimi seicento anni. Fin dalla partenza da Trieste la mamma aveva manifestato difficoltà respiratorie, era salita sulla nave e mi aspettava da qualche parte nel caldissimo soffocante garage, dovettero procurarle una sedia perché ansimava e sembrava proprio che dovesse svenire da un momento all'altro.

Fumava "più che posso", come dichiarava vantandosene in spregio a tutte le regole di igiene di vita, ragionevolezza e, soprattutto, buona educazione, cui sembrava tenere tanto. Fu la prima volta che il tabagismo le lanciò un chiaro avvertimento, ciononostante avrebbe ancora sfumacchiato qua e là, fino a smettere del tutto quando l'enfisema polmonare si fosse rivelato in tutta la sua potenza, privandola di fiato ed energia fino all'ultimo dei suoi giorni, procurandole una morte lenta, ma inesorabile. E io non avrei mai perdonato al mio fidanzato della terza liceo, l'elegante impiegato della "Bancarella", di aver reiniziato la mamma a un vizio che aveva abbandonato molti anni prima, portandole in omaggio, anziché mazzi di fiori, stecche di Marlboro di contrabbando. Le avevo scherzosamente proposto di fare causa alla Marlboro, come d'uso in America, ma lei, che pure se ne intendeva non poco di farisaica simulazione borghese, mi aveva risposto scandalizzata: "Ma come vuoi che sia così ipocrita! Sapevo benissimo che il fumo fa male!".

Se l'anno prima mi ero sentita in colpa per il mal di schiena involontariamente procurato al babbo, quell'anno mi sentii in colpa per le punture d'insetti misteriosi che massacrarono il corpo scheletrico della mamma. L'anno prima la vittima era stata la mia cellulite, quella volta preferirono la pelle ossuta della Mausi. Si mormorava che potessero essere pulci dei cani dei precedenti padroni di casa rimaste ad alloggiare nelle antiche assi di legno del pavimento. Fatto sta che si passava parecchio tempo all'interno di quelle mura, a causa del caldo.

I genitori erano molto impressionati dalla forza con cui riuscivo a fare la spesa e allestire loro il pranzo nonostante la temperatura. Poi restavamo rintanati nella mia catapecchia, che si era rivelata un fresco rifugio, fino alle sette di sera, quando finalmente diventava possibile andare in spiaggia per bagnarsi nelle deliziose acque turchesi. Ma la mamma non c'era verso di farla venire con noi, un'unica volta ci accompagnò, poi decise di rimanere a casa a farsi divorare dai misteriosi insetti. All'arrivo di Yves si scoprì che il locale più fresco in assoluto di tutta la casa era la cantina, dove lui si mise a passare le ore leggendosi i suoi libri, dopo aver tentato invano di convincere la "suocera" a tenergli compagnia. Non ne voleva sapere, né riuscivamo a farle fare una banale doccia: nonostante la necessità di risparmiare l'acqua, limitata a quella piovana raccolta durante l'inverno dalla cisterna, una doccia al giorno non si negava a nessuno. La mamma girava nuda per la casa così come il babbo – fu l'unica volta in vita mia che li vidi in costume adamitico – a lamentarsi delle punzecchiature e del caldo, ma non c'era modo di convincerla a ricorrere al minimo espediente per rinfrescarsi almeno un po'. Dovevano essere contente le pulci, di quella pelle sudaticcia sempre più appetibile!

Venne anche quell'anno il momento dell'addio e accompagnai i genitori a Igoumenitsa, in un albergo i cui cortesissimi padroni si scusarono costernati per essere rimasti senza ventilatori, precipitandosi a procurarcene uno. Ma se senza il ventilatore il Tucci moriva di caldo, con il ventilatore moriva di freddo ("no so se go de gaver caldo o de gaver fredo"...) e così, in barba a tutte le regole di buon senso e rispetto della salute per gli anziani, ci rimettemmo in macchina per andare a Sivota, luogo di amena villeggiatura balneare non troppo lontano. Ci arrivammo sani e salvi, trovando immediato rifugio nel patio freschissimo di un promettente ristorante. Le promesse furono mantenute con un abbondante piatto di pesce eccellente, a consolarci della mala cucina di Paxos, località allora nota per il contrasto fra la bellezza del luogo e la pessima gastronomia.

La brezza ombreggiata, il fresco vinello, il cibo gustoso ci rimisero tutti di buon umore nonostante le torture subite per il caldo e la malinconia dell'imminente distacco. Quando annunciai con disappunto ai genitori che probabilmente l'estate successiva avrei dovuto rinunciare a ospitarli per rimettere finalmente a nuovo la catapecchia, il babbo sorrise con quel suo tipico fare malizioso tranquillizzandomi con autoironia: "Non ti preoccupare, non abbiamo fretta, torneremo fra due anni!". E due anni più tardi gli veniva l'infarto.

In effetti il babbo aveva già dato qualche segno di vecchiaia qualche anno addietro, quando avevo insistito perché venisse a trovarmi in Spagna, dove studiavo *castellano* all'Università di Granada, a spese della Commissione e quindi anche sue, in quanto contribuente europeo. In realtà l'unico viaggio a cui davvero avrebbe tenuto era in 'Palestina' dai cugini, dov'ero stata molti anni prima senza che mi venisse la brillante idea d'invitarlo, perché io ero ancora molto giovane e lui non ancora tanto povero.

Ero andata a Granada dall'inizio di ottobre alla fine di gennaio, preda ingenua del clichè di una Spagna sempre torrida, nella speranza che per almeno qualche mese mi si attenuassero i dolori reumatici. Nel mio appartamentino, grazioso quanto gelido, una piastra elettrica di ben misere proporzioni avrebbe dovuto ovviare agli spifferi che la Sierra Nevada manda d'inverno verso la Vega. La Vega è la pianura, generosa di alberi e prodotti ortofrutticoli, che ha permesso il prosperare della zona. "Una coppa d'argento piena di smeraldi e di pietre preziose" l'aveva definita un poeta arabo. Non per niente nella zona si erano installati i Romani, facendo dell'antica Elibyrge la loro Illiberis. La Sierra che di notte congelava le mie membra chiude al mare la Vega da Sud-Est, digradando verso Mezzogiorno nel più modesto rilievo dell'Alpujarra, dall'arabo *al-bushârrât*, i pascoli. In questa magnifica, verdeggiante regione, dominata da aranceti e oliveti, si erano rifugiati i musulmani di Granada restii a cambiare Dio.

La Supercattolica Isabella, che in un primo momento aveva promesso perdono e tolleranza agli "infedeli" dopo la "Riconquista", aveva improvvisamente cambiato idea e deciso di sterminare chi non si fosse convertito, confiscandone i beni. Dell'antica Elibyrge-Illiberis non rimangono tracce, al punto che non ne è mai stata accertata l'esatta ubicazione. È rimasto tuttavia il nome Elvira, attualmente circoscritto all'omonima Sierra a Nord della Vega, dalla deformazione Ilbira di Illiberis con cui gli invasori arabi dell'VIII secolo avevano designato la loro Medina, Madinat Ilbira, città che era presto divenuta il principale nucleo urbano della fertile pianura. A quell'epoca Gârnâta-al-Yahud, la città degli Ebrei, non era che un villaggetto di poco conto. Gli Ebrei non solo non avevano mai ostacolato la penetrazione araba della penisola, ma anzi l'avevano da sempre favorita. Nel 755 il califfo di Cordova, che nei due secoli successivi sarebbe diventata la città più popolosa e più ricca di scambi commerciali e culturali dell'intero Occidente, ordinava al governatore – walí – di Medina Elvira di far costruire il primo importante recinto di Ghârnâta-al-Yahud sul terrapieno destro del fiume Darro. Ben presto gli abitanti di Elvira si erano trasferiti in massa nel nuovo centro, decretando il definitivo abbandono dell'originaria Medina e l'incipiente prosperità dell'antica città degli Ebrei. Il Tucci dunque non lo avevo invitato in Palestina, ma pure sempre in un'antica "città degli Ebrei"!

Il Tucci si era preparato molto seriamente per questo viaggio, mettendosi addirittura a studiare lo spagnolo. Mi aveva confermato il suo arrivo con la seguente missiva.

Querida Chicchi!
He renunciado a Madrid, porque la parada no es admitida.
El orario es: Trieste salida 7.05 llegada Milano 7.55 salida 12.00 llegada Madrid 14.50 salida 17.45 llegada Granada 18.40.
Dejo te el programma de mi residencia.
Ho fatto una certa fatica, ma coi libri davanti credo di essermi spiegato. Una tua carta 'es llegada con muj formose' fotografie.
Qui nulla di particolarmente nuovo. Non mi resta che aspettare tue notizie: intanto continuo con lo spagnolo.
Abbracci e bacioni.

Papà

È un vero *Poliglottenkopf* il tuo papà. Studia con vero impegno. Si prepara seriamente a questa gita.
Bacioni

Ma

Mi allegava un articolo di Saverio Tutino,[120] *Conquistadores di funghi*, sulla raccolta di porcini e boleti in Estremadura dove, com'era successo a noi tante volte nell'attuale Slovenia ex Iugoslavia, i contadini si facevano il segno della croce vedendo da lontano i turisti raccogliere funghi che, secondo loro, erano velenosi. Una volta una famiglia si era stupita nel vederci ritornare vivi oltre confine dopo una settimana, ci davano per bell'e che spacciati.

Forse il babbo si era illuso che, oltre a visitare mezza Spagna in una settimana, com'era certo di poter fare, saremmo anche riusciti ad andare per boschi alla ricerca di qualche porcino superstite da portare, tagliato a fette ed essiccato, in omaggio alla mamma.

La sua *parada* a Madrid papà comunque se la fece. Gli avevo spiegato io che era possibile, se le ore d'attesa gli fossero parse troppo lunghe. Quando andai a prelevarlo con un lieve ritardo lo trovai tutto agitato che mi cercava

---

120. Saverio Tutino (1923). Giornalista e scrittore. Partigiano combattente in Val d'Aosta e nel Canavesano. Profondo conoscitore dell'America Latina. Fra i fondatori del quotidiano «La Repubblica» nel 1975 per cui ha lavorato dieci anni. Nel 1984 ha fondato l'Archivio Diaristico Nazionale di Pieve Santo Stefano.

disperatamente nel minuscolo aeroporto di Granada, dichiarandosi piuttosto stanchino. Intanto mi aveva disobbedito trascinandosi dietro tutto il giorno la borsa come bagaglio a mano. Gli avevo tanto raccomandato di spedirla! Ma lui aveva tanta paura che andasse smarrita! A Madrid, incapace di stare fermo per quattro ore, aveva seguito fedelmente le mie istruzioni: si era preso l'autobus per il centro, era andato al Prado, si era goduto la mostra di Goya che mi raccomandava vivamente di non perdere, era ritornato all'aereoporto fortunatamente molto in anticipo perché, sceso dall'autobus alle partenze nazionali, si era accorto di aver lasciato il bagaglio in deposito ai voli internazionali. Mentre trascinava a fatica i piedi e la borsa di nuovo verso le partenze nazionali, due poliziotti si erano impietositi e lo avevano accompagnato a destinazione.

Prima di partire aveva avuto grossi problemi a un piede per i postumi di una flebite e avrebbe dovuto rinunciare al viaggio, ma si era guardato bene dal dirmelo. Per arrivare a casa mia poi, nel caratteristico quartiere arabo dell'Albaicín, bisognava fare un pezzo a piedi in salita su un acciottolato impervio. Alle otto di sera eravamo appena arrivati a casa quando si presentò una giovane coppia di vicini con cui avevo avuto un mezzo appuntamento per la cena che però mi ero affrettata a disdire, dubitando fortemente che dopo un viaggio simile il *padre*, come lo chiamava la Titti, fosse in grado di andare al ristorante. Lui invece, nel vedere questi due bei giovani e nel sentire la parola ristorante si ringalluzzì tutto e, rinato a nuova vita, dichiarò che gli sembrava un'ottima idea. Andammo da uno svizzero lì accanto a rimpinzarci di *fondue bourguignonne* e alle undici di sera il padre, con ritrosia e quasi vergogna, confessò: "Adesso però sono proprio stanco e vorrei andare a dormire". Nessuno di noi si era reso conto che, tra l'altro, era in piedi dalle quattro del mattino.

Dopo aver fatto il nostro dovere visitando per bene l'Alhambra e tutto quello che non si poteva non visitare a Granada, fu la volta di Cordova. A Cordova si arriva in tre ore di corriera. Lo splendido albergo a quattro stelle, che avevo prenotato a un prezzo promozionale, era incastrato nella muraglia nel cuore del ghetto, dove il bianco si mescola alla terra di Siena bruciata. Formato da un dedalo di viuzze ermetiche, ora in parte sconciate dal commercio turistico, il ghetto si trova proprio a ridosso della muraglia araba della città, prendendo il via dall'angolo nord ovest della moschea, quasi a esempio sintomatico di tolleranza e convivenza. Al babbo evidentemente sfuggiva che in passato ebrei e musulmani erano stati molto più fratelli di quanto non siano oggi, anche per usi e costumi, per abiti e linguaggio e, nel vedere la statua di Maimonide assorto nei suoi pensieri eretta accanto alla sinagoga, esclamò quasi con rammarico: "Ma sembra un arabo!" Lui certo ignorava che un'espressione cui spesso ricorreva, "mi no go pasà el spago", per indicare di non aver le prove dell'infedeltà di qualcuno, deriva da un concetto islamico: per poter constatare l'esistenza di un adulterio bisogna che non si possa far passare un filo di seta tra l'uomo e la donna.

"Ma lui sa che hai un papà ebreo?". Mi chiedeva anni prima con permaloso sospetto, quando uscivo con un giovane studente marocchino.

Delusione gli procurò pure la sinagoga, forse anche quella troppo orientaleggiante per i suoi gusti: pensare che a me piaceva tanto, così raccolta e intima! Risale al 1315 e assieme alle due di Toledo fa parte delle tre sole sinagoghe sopravvissute nella Spagna cristiana, oltre a essere l'unica in Andalusia.

Il babbo rimase tuttavia folgorato dalla moschea di Cordova. Quella che fu a un certo momento la più grande moschea del mondo aveva sostituito una precedente cattedrale visigota, costruita a sua volta sulle vestigia di un tempio pagano, consacrato in epoca romana a Giano Bifronte. All'inizio musulmani e cristiani avevano fraternamente diviso lo spazio, che però ben presto si era rivelato insufficiente e Abderraman I aveva finito col comprare la parte cristiana.

Le diciannove navate che scandiscono lo spettacolare interno sono formate da ottocentocinquanta colonne tutte diverse tra loro, con capitelli di riporto romani o visigoti, decorazioni arabe o classiche. Le colonne sono di granito, diaspro, porfido e altri marmi pregiati provenienti da Costantinopoli, dalla Francia, da Siviglia, da Tarragona e persino dai templi romani dell'Africa settentrionale. Nei tempi migliori della dominazione musulmana pendevano dal soffitto scolpito in legno di larice multicolore migliaia di lumi.

Nel 1523 cotanta bellezza veniva ritrasformata in cattedrale e Carlo V non si sarebbe mai perdonato di avere concesso quell'autorizzazione che era stata negata persino da Isabella la Cattolica. "Avete distrutto ciò che non esisteva da nessuna parte per costruire qualcosa che si può trovare in qualunque luogo". Il diafano spazio interno, prima di venire *cannibalizzato*, era aperto sul patio e destinato a dare l'idea dell'infinito. Intatto era rimasto fortunatamente il Mihrab, nicchia sacra orientata verso La Mecca in cui si custodisce il Corano. Mi perdonino i musulmani, ma ancora una volta avevano *emulato* gli ebrei, per i quali il Mizrah nella sinagoga indica la direzione di Gerusalemme e in cui si custodisce la Torah.

Cordova era stata la città più grande, più bella, più colta di tutto l'Occidente, paragonabile per splendore solo a Costantinopoli e a Bagdad, a cui avrebbe addirittura conteso il predominio. All'interno delle sue mura erano convissuti musulmani, ebrei e cristiani. Sotto il patrocinio del medico ebreo di Abderraman III erano fioriti la letteratura ebraica e gli studi talmudici e la comunità ebraica aveva conosciuto uno dei suoi periodi migliori.

Lasciammo la bella, virile, forte e austera Cordova per la ridente, gioiosa, solare Siviglia rosa e verde, verde e arancione, ricca di pizzi e merletti arabi e gotici, colma di alberi di arancio carichi di frutti, tiepida e assonnata sulle rive del Guadalquivir.

Il babbo stava dando prova di estrema buona volontà, camminando col suo piede dolorante e le scarpe troppo strette per le lunghe strade di Siviglia, per non perdersi nulla dei suoi doni pregiati. Poi però, nel veder passare una carrozza con i cavalli, mi chiese timidamente se non si potesse ricorrere a quel mezzo per fare il giro della città, cogliendo in un colpo d'occhio rapido le sue principali bellezze senza più torturare il suo arto malconcio. Ma io aggrottai indignata le sopracciglia per quella richiesta così banalmente, turisticamente 'kitsch', termine che lui adorava, tanto da aver girato uno dei suoi 'filmetti' ispirandosi al famoso libro di Gillo Dorfles, amico di gioventù e fratello di Giorgio, suo compagno di gite e di salotti. Il poverino si consolò pensando che, tanto, aveva dimenticato a casa le batterie di ricambio per l'apparecchio acustico e si sarebbe perso tutte le spiegazioni. Un'altra soddisfazione però non gliela potei negare, tacendogli ipocritamente quanto ci tenessi anch'io, e lo portai la sera a vedere uno spettacolo di flamenco dal quale uscì pieno di entusiasmo, ringraziandomi con calore: avevo rimediato alla mia spocchiosa ingenerosità nel negargli il giro in carrozza. La corrida ci fu risparmiata perché non era stagione.

Ci sarebbe dispiaciuto lasciare Siviglia così leggiadra e spensierata, calda e vermiglia, rigogliosa e profumata di arance, saporita e prelibata per ritornare nella fredda e aspra Granada. Per fortuna ci aspettava il sole con un invito per il tè dalla mia amica Mari Vi, pure lei studentessa estemporanea quarantenne in mezzo a una folla di giovinetti. Siccome il Tucci quel giorno era stanco, avevo accennato alla possibilità di rinunciare a quell'impegno e mi aveva risposto stizzito: "Ma nemmeno per sogno!", curioso com'era di luoghi e di persone.

Mari Vi abitava nel Realejo, altro quartiere antico, storico e interessante a guardia del quale i granadini hanno voluto ricordare un loro "insigne hijo, Yehuda Ibn Tibon, Patriarca de los Traductores, Médico, Filósofo, Poeta", altro ebreo "travestito da arabo", con splendido turbante e lungo caffettano. Il Tucci e Mari Vi simpatizzarono immediatamente, comunicandosi con comunicatività tipicamente latina, lui in italiano con qualche sporadico termine spagnolo azzeccato casualmente e lei, che era di Avila, in castigliano puro, chiaro e scandito, non mangiucchiato e fatto a pezzettini come l'andaluso.

Il giorno dopo era il 10 dicembre, quindi la data del famoso "anniversario della mia morte e resurrezione", come amava definirlo il Tucci, e così ricambiammo l'invito, estendendolo ad altri compagni e amici, per un *party* a base di dolci e *cava*, lo spumante spagnolo, con stufetta e candele accese dappertutto per riscaldare il nostro freddo seminterrato, dove di notte eravamo contenti di essere in due come il bue e l'asinello.

E il babbo ci narrò in francese la storia che io ben conoscevo della sua morte e resurrezione, suscitando alla fine del racconto un caloroso brindisi con *cava* e diventando per gli amici di Granada, delle cui simpatie già godeva senza riserve, un autentico eroe, al punto che Mari Vi, che qualche anno più tardi avrebbe avuto un bimbo occasionale da un giovanotto di passaggio, lo avrebbe battezzato

Arturo. Anche il padrone di un negozio dietetico dove io mi rifornivo con grande scandalo dello scettico Tucci non avrebbe mai smesso di chiedermi sue notizie, ignaro delle maldicenze del babbo nei suoi confronti.

Non molto prima di partire il babbo si ricordò all'improvviso che, su mio suggerimento, si era portato dietro dei comodi stivaletti da neve con spessa suola di gomma, comodissimi per camminare anche in città, soprattutto se il terreno è accidentato, come in tutte le città antiche che si rispettino. Che bestia ero stata a non verificare se avesse seguito il mio consiglio! Tutto è bene quel che finisce bene e così potemmo finalmente dare la scalata all'Albaicín per arrivare fino al belvedere di San Cristóbal, il più alto della città. Mentre ammiravamo le infinite bellezze di quella che era stata la "città degli Ebrei", la Sierra candida, il cielo azzurro, il Generalife verde, i boschi gialli, l'architettura ocra, intervenne un signore a fornirci, non interrogato, interessanti spiegazioni. Sapeva tutto di Granada, soprattutto delle trenta moschee invariabilmente trasformate in chiese. "Perché noi, i 'Mori', siam tornati!". Annunciò con risolino ironico. Nel suo sobrio loden verde sembrava tutto meno che un Moro e mi fece pensare alle fanciulle dall'aria mite che nei cortei femministi gridavano: "Tremate, tremate, le streghe son tornate!".

Era di Granada e professore di spagnolo, era vissuto per molti anni in Marocco, finendo col convertirsi all'Islam. Certo non era un fondamentalista e la nostra conversazione era incentrata sull'ecumenismo e la tolleranza.

Ne approfittai per comunicargli con fervore che mio padre era ebreo e io protestante. "E mia moglie è rimasta cattolica!". Sorrise lui affabilmente, indicandoci una tranquilla signora seduta sulla panchina del belvedere. Anche lei ci sorrise in segno di fratellanza umana, assentendo col capo. Arrivò una quinta persona, un granadino emigrato in Venezuela da poco rientrato in patria, il quale si dichiarava agnostico e amaramente pentito di essere tornato a casa, criticando il conservatorismo reazionario dei suoi compatrioti. "Le rose granadine avevano troppe spine per lui" avrebbe potuto dichiarare Renato Ferrari, che nel suo *Gelso dei Fabiani*, descrive alla perfezione il contrastato rapporto dei triestini con la loro terra.

E intanto era arrivato il momento, per il babbo, di ritornare nella, per me "spinosa", Trieste. Il babbo mi sarebbe rimasto per sempre grato di quel viaggio, pur rimpiangendo il fatto di non essere mai riuscito ad andare in Israele. Né sembra probabile che possa andarci in una prossima vita, visto il suo costantemente ribadito desiderio: "Se dovessi rinascere vorrei essere il cane di mia moglie". Che faceva il pari con quell'altra sua affermazione: "Io esisto solo in quanto fratello di mio fratello, padre delle mie figlie, marito di mia moglie e padrone del mio cane". Sul concetto di "esistere" aveva proprio delle idee speciali.

Ero tornata a casa dalla prima lezione di corso interpreti e avevo già fatto amicizia con un'effervescente ragazza umbra di nome Cesidia, che invano tentava di coinvolgermi nelle manifestazioni contro la guerra in Vietnam, quando non sapevo esattamente dove si trovasse il Vietnam né mi preoccupavo granché della guerra in corso, presa com'ero dalle guerre con me stessa. "Impossibile, non esiste". Aveva decretato il babbo quando gliene avevo parlato. Da quella volta lei lo avrebbe sempre mandato a salutare "da parte di quella che non esiste".

A volte mi chiedo se il suo desiderio non sia stato esaudito, ammesso che la reincarnazione possa avvenire a così poco tempo di distanza dalla propria scomparsa e nell'opposto sesso: la Hexi infatti, la mia cagnolina bassotta a pelo *pseudo* ruvido, *arruffato* come lo descrisse giustamente una signora alla fine dell'estate, quando i lunghi e molteplici bagni di mare l'avevano resa più *punk* che mai, a volte la chiamiamo Tuccia, quando trotterella con la lingua a penzoloni e l'aria ansimante, il che fa proprio pensare al Tucci degli ultimi tempi, con lo sguardo un po' imbambolato e la lingua fuori, sempre interessato a tutto ma ormai in difficoltà a seguire tutto, anche per sopravvenuta sordità.

Ricordo un episodio abbastanza divertente: stavamo ritornando in treno da non so dove, forse eravamo andati assieme a Pisa a trovare la Titti, lui era seduto di fronte a me e un giovane accanto a lui tirò fuori il cellulare e si mise a conversare ad alta voce, come ahimé fanno tutti, chissà perché, quasi fosse obbligatorio far sapere al pubblico gli affari propri. Il babbo lo guardava sconcertato: il telefonino non sapeva nemmeno che esistesse e dalla sua espressione attonita e incredula capivo che lo prendeva per un "basagliano" che parlava da solo, anzi, sembrava preoccupato di starci seduto accanto. Basagliano a Trieste significa semplicemente pazzo, chiedo scusa se ricorro a un termine tanto scorretto politicamente, ma in fondo è quello che si usava, regolarmente riportato dal Devoto Oli, prima che il professor Basaglia aprisse le porte dei manicomi, cosa che il Tucci aveva trovato politicamente correttissima, salvo poi spaventarsi se incontrava sul suo cammino persone "un poco strane"…

Quando alla fine della sua esistenza si fece la ricaduta dell'infarto andavo a passare un paio d'ore all'ospedale, soprattutto nelle ore dei pasti per aiutarlo a mangiare, perché i pazienti meno abili, se non c'era nessuno per imboccarli finivano col restare a digiuno e, con la stessa malagrazia con cui avevano depositato il vassoio, gli inservienti lo portavano via intatto, fregandosene altamente del paziente lasciato a stomaco vuoto. Vagavano per i reparti tutta una serie di volontari adibiti tra l'altro a questa funzione di assistere i malati nei pasti, altrimenti non pochi ricoverati sarebbero semplicemente spirati per inedia, il che sotto sotto poteva essere l'obiettivo dell'ospedale.

Al babbo bisognava tra l'altro passargli la dentiera perché potesse mangiare. Un giorno gliela porsi e lui anziché infilarsela in bocca come di consueto si alzò in piedi e incominciò ad armeggiare per cercare di appoggiarla sull'uccello, tirandosi su il camice ed esibendosi agli altri ricoverati e compagnia. Nessuno si scandalizzava, perché erano tutti dei poveri vecchi derelitti e qualcuno anche più smemorato di lui. Io non capivo dove andasse a parare e gli feci presente che la dentiera andava messa in bocca. Lui mi fece una sfuriata, facendomi capire che collegava sì la dentiera al cibo, ma in altro modo, e incominciò a cercare di mettersela dietro, evidentemente identificandola con l'evacuazione posteriore. Io non sapevo se ridere o se piangere, alla fine decise di provare comunque a mettersela in bocca e quando finalmente ci riuscì, mi sorrise amabilmente ammettendo che avevo ragione io, poi si accinse a mangiare come se niente fosse.

Un altro episodio che fortunatamente mi fece più ridere che piangere si verificò un pomeriggio, dopo che si era svegliato dalla siesta. Mi guardò con aria circospetta e mi disse che non era per nulla contento di essere finito fra i tedeschi. Lo diceva con gli occhi che brillavano di un'aria furbetta e sembrava volesse scherzare, invece non era così. "Ma come, non vedi che lì è scritto in gotico?". Insisteva indicandomi un cartello che riportava non so più quale ammonimento. E soprattutto lo impressionavano le sbarre del letto, segno incontestabile di prigionia, di cui già una volta era riuscito a sbarazzarsi, finendo col cadere a terra, miracolosamente senza danno. Questi sono gli ultimi ricordi che ho di lui da vivo. Dopo che fu tornato a casa, resuscitato per l'ennesima volta all'ennesima vita, aspettai che la Silvia rientrasse dalla montagna e presi il "vapore" per la Grecia, consapevole del fatto che ormai lui quel vapore con me non lo avrebbe più preso.

A settembre stava ancora bene, ma ad ammalarsi e finire in ospedale questa volta fu la mamma, e allora convinsi la Silvia a fare un colpo di mano procurandosi le famose "badanti", senza le quali la vita per loro tre sarebbe ormai stata impossibile. All'arrivo della seconda badante, mentre io ero ormai rientrata a Bruxelles, il babbo decise di andarsene questa volta per sempre. Finalmente vennero a prenderselo quelli che invano lui aspettava ormai da un paio d'anni. ("Perché no i vien a ciorme?... No i me vol... E pur mi son qua che li speto, mi son pronto...").

E dopo di loro passò dunque anche il rabbino, come lui aveva chiesto esplicitamente. Non fu un funerale affollatissimo, come avrei voluto io pensando che così avrebbe voluto lui, ma i parenti e gli amici più intimi c'erano, avvertiti comunque per tempo. Si era misteriosamente sparsa la voce secondo cui non volevamo nessuno.

Io mi resi conto a posteriori del vantaggio della poca folla nel vedere la mamma, sorretta a malapena dalle due badanti, che faceva una gran fatica ad accogliere le condoglianze dei presenti e mi sentii sollevata di non dover protrarre le mie lacrime per ore di stringimani ("no xe un mal che no xe un ben" avrebbe detto lui, citando un'espressione triestina ereditata dalla nonna Ada).

Si scioglieva così nel nulla la diatriba fra me e la Silvia, se al funerale bisognasse invitare tutti come a un ricevimento o se dovessero venire solo quelli che già sapevano. La polemica a fondo perduto, di sapore squisitamente ebraico, non era che un modo per celare l'unica vera preoccupazione: se, con l'aiuto del rabbino, il "segretario di Nino" fosse arrivato bene.

Bibliografia essenziale

Bettiza, Enzo, *Esilio*, Mondadori, Milano 1996.

Bon, Silva, *Testimoni della Shoah. La memoria dei salvati. Una storia del Nord-Est*, Edizioni Centro Isontino di Ricerca e Documentazione Storica e Sociale "Leopoldo Gasparini", Gorizia 2005.

Bon, Silva, *Un fascista imperfetto. Enrico Paolo Salem, podestà "ebreo" di Trieste*, Edizioni Centro Isontino di Ricerca e Documentazione Storica e Sociale "Leopoldo Gasparini", Gorizia 2009.

Bon Gherardi, Silva, *La persecuzione antiebraica a Trieste (1938-1945)*, (Istituto regionale per la storia del movimento di liberazione nel Friuli-Venezia Giulia), Del Bianco Editore, Udine 1972.

Caroli, Antonella, *L'Adria nella storia del canottaggio triestino 1877-1977*, Edizioni La Mongolfiera Libri, Trieste 1997.

Caroli, Antonella, *Gli stabilimenti balneari Ausonia. Storia e immagini di un bagno storico di Trieste*, Campanotto editore, Udine 1996.

Coen, Miriam, *Bruno Pincherle*, Edizioni Studio Tesi, "Civiltà della memoria", Pordenone 1995.

Ferrari, Renato, *Il gelso dei Fabiani. Un secolo di pace sul Carso*. Edizioni Italo Svevo e Mgs Press, Trieste 1997.

Fölkel, Ferruccio, *La Risiera di San Sabba*, Mondadori, Milano 1979 (2ª ed., Rizzoli, Milano 2000).

Fonda, Cesare, *Ocio a la jota. Storia de Trieste e de la sua cusina*, Edizioni Italo Svevo, Trieste 2004.

Mozzoni, Guglielmo, *La vera storia del tenente Mozzoni "Scritta e disegnata da lui"*, Arterigere, Varese 2011.

Pahor, Boris, *Necropoli*, Fazi Editore, Roma 2008.

Rebeschini, Monica, *Bruno Pincherle: interventi e scritti politici*, Edizioni Piazzetta Stendhal, Trieste 2004.

Scalpelli, Adolfo, *San Sabba. Istruttoria e processo per il lager della Risiera,* Mondadori-Aned, Milano 1988, 2 voll.

Secchia Filippo, Frassati Filippo, *Storia della Resistenza, La guerra di Liberazione in Italia 1943-1945*, Editori Riuniti, Roma 1965, 2 voll.

Sommenbluck, Henri, *J'avais 16 ans à Auschwitz,* Cercle d'éducation populaire, Bruxelles 1999.

Sirovich, Livio Isaak, *Cime irredente. Un tempestoso caso storico-alpinistico*, CDA & Vivalda Editori, Collana Licheni, Torino 2003.

Stelvio, Maria, *Cucina Triestina*, Editore Stabilimento Tipografico Nazionale, Trieste 1977.

Svevo, Italo, *Senilità*, Edizioni Dall'Oglio, Milano 1967 (altre ed. 1938, 1949, 1954).

Documentazione fotografica

Da sinistra: Aldo Fischer, Bruno Fischer, nonna Ada sposata Paschkes, Betty Epstein sposata con Ferdinando Fischer, Leo Fischer, Ferdinando Fischer, Aldo Zuccaro, Vittorina Fischer, Irma Fischer sposata Zuccaro, Ferruccio Zuccaro, Achille Zuccaro.

Trieste, via Roma sulla piazza del Ponterosso: il negozio di chincaglierie "Bazar viennese" di Ferdinando Fischer chiuso nel 1915.

Silvio Samuele Paschkes e Ada Fischer.

Arturo Paschkes.

I fratelli Arturo e Leo Paschkes.

Arturo Paschkes durante il servizio militare.

Arturo Paschi in vacanza con la sua Topolino.

Emilio Vellat.

Helene Hauck detta Hella, con la nipotina Rossella (Chicchi) e il boxer Cita.

Edith Charlotte Rina Vellat, detta Mausi, da bimba con il cane Pipsi a Krumpendorf, lago di Wörth in Carinzia.

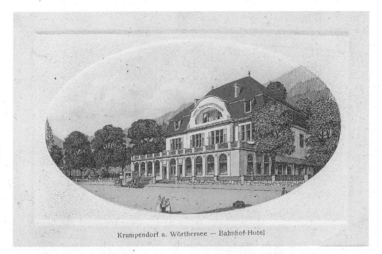

Krumpendorf, lago di Wörth in Carinzia. L'albergo di proprietà della famiglia del nonno Nino.

Antonio Vellat con la moglie Helene Hauck e la figlia Edith Charlotte Rina.

Le nozze fra Arturo Paschi ed Editta Vellat detta Mausi.

Mausi Vellat.

Mausi con la suocera Ada

Antonio Vellat con le nipotine Rossella (Chicchi) e Silvia.

Arturo Paschi con la moglie Mausi, le figlie Rossella (Chicchi) e Silvia e la bassottina Blumi.

Arturo Paschi cineamatore.

Venerdì 9 febbraio 1996

Trieste / *Agenda*

IL CICLO DI INTERVISTE «TESTIMONI DEGLI ANNI DIFFICILI. TRIESTE 1940-1954»

La Resistenza senza armi

Arturo Paschi, uno dei protagonisti dell'organizzazione che aiutò gli ex prigionieri a fuggire

Scrisse Winston Churchill che furono almeno 10 mila i prigionieri di guerra alleati che, dopo l'armistizio dell'otto settembre '43, riuscirono a fuggire dall'Italia grazie all'aiuto di organizzazioni della Resistenza o di semplici civili.

La cifra, comunque approssimativa nell'ovvia mancanza di una documentazione ufficiale, permette di rendersi conto dell'importanza e dell'efficacia di quella parte della Resistenza che svolse un'opera rimasta nell'ombra, ma permise a tanti ex prigionieri di guerra alleati di salvarsi dalla deportazione in Germania e di riunirsi agli eserciti di appartenenza.

Il triestino Arturo Paschi fu uno dei protagonisti dell'organizzazione che aiutò, a rischio della propria vita, gli ex prigionieri a raggiungere la libertà. Paschi ha rievo-

Da sinistra, Matta, Paschi e Valdevit nella foto Sterle durante l'intervista

cato la sua esperienza nel corso del primo di una serie di incontri, svoltosi lo scorso mercoledì, e strutturati secondo lo schema dell'intervista, che l'Istituto regionale per la storia del movimento di liberazione ha promosso di intesa con la circoscrizione Roiano-Gretta-Barcola-Cologna-Scorcola, e che

si intitolano «Testimoni degli anni difficili. Trieste 1940-1954».

Dialogando con Tristano Matta, Paschi ha detto come egli fece tutta la Resistenza senza possedere un'arma da fuoco. Fatto che non gli impedì però di venire ferito gravemente all'addome dalla polizia politica durante l'azione che portò al suo arresto.

Avvicinatosi agli am-

Fu uno dei delegati triestini al congresso del Partito d'azione

bienti dell'antifascismo prima della guerra, durante il periodo del governo Badoglio, Paschi era stato uno dei tre delegati triestini al primo congresso del Partito d'azione. Il ruolo che Paschi svolgeva a Milano era di grande importanza e di grosso rischio: Dario Trentino infatti, che prese il posto di Paschi dopo che questi, convalescente per la ferita, raggiunse la Svizzera, venne fucilato. Risognava coordinare le operazioni che dovevano condurre gli ex prigionie-

Questo accadeva a Milano, dove Paschi si era trasferito da Trieste dopo l'armistizio del settembre '43 per entrare nel Corpo volontari per la libertà (arrivai da Ferruccio Parri con due righe di presentazione scritte, per sicurezza, sulla cartina delle sigarette).

ri (angloamericani soprattutto, ma anche canadesi e jugoslavi) verso la Svizzera. Si trattava di fornire loro il finanziamenti venivano soprattutto dal Cln, qualcosa da privati e, poco, dagli Alleati) documenti falsi, abiti, scarpe con le quali affrontare le lunghe marce in montagna per attraversare clandestinamente la frontiera; materiale che bisognava recuperare ogni volta per equipaggiare il gruppo successivo.

Se l'organizzazione di Paschi riuscì a mettere in salvo attraverso la Svizzera alcune migliaia di prigionieri, molti furono anche quelli, ha detto intervenendo nel dibattito Galliano Fogar, che transitarono per la Venezia Giulia, e che tramite i partigiani di Tito riuscirono a raggiungere la Dalmazia e quindi le coste dell'Italia meridionale.

Paolo Marcolin

Trieste 1996. Tristano Matta, Arturo Paschi e Giampaolo Valdevit durante un'intervista presso l'Istituto Regionale per la Storia del Movimento di Liberazione.

Trieste 1999. Arturo Paschi e Lia Fischer Fantuzzi.

Appendice documentaria

Milano anni '30. La fotografia è stata scattata in casa di Cornelia Ferrari. Amos Chiabov con la pipa e a fianco, con il vestito a quadri la moglie.

La scheda segnaletica di Amos Chiabov.

Giuseppe Bacciagaluppi "Nino"; "Joe" come Delegato Militare del Clnai di Lugano.

La tessera di iscrizione di Arturo Paschkes all'Università di Milano nella facoltà di giurisprudenza nell'anno scolastico 1931-32.

1933. La tessera GUF di Arturo Paschkes.

La tessera di immatricolazione di Arturo Paschkes del 1936 nella facoltà di Scienze Politiche dell'Università di Padova.

N. di prot. 11419/ 2651

R. PREFETTURA DELLA PROVINCIA DI TRIESTE

IL PREFETTO
DELLA PROVINCIA DI TRIESTE

Veduta la domanda presentata dal___ Sig. Arturo Paschkes di Samuele Silvio nat.° a Trieste il 13 Marzo 1914_____ e residente a Trieste (Via Commerciale 17)_____, e diretta ad ottenere a termini dell'art. 2 del R. D. L. 10 Gennaio 1926 N. 17 la riduzione del suo cognome in forma italiana e precisamente in *Paschi*;

Veduto che la domanda stessa è stata affissa per un mese tanto all'albo del Comune di residenza del___ richiedente, quanto all'albo di questa Prefettura, e che contro di essa entro quindici giorni dalla seguita affissione non è stata fatta opposizione alcuna;

Veduti il Decreto Ministeriale 5 Agosto 1926 e il R. D. 7 Aprile 1927 N. 494;

DECRETA

Il cognome del___ Sig. Arturo Paschkes_____
è ridotto in *Paschi*._____

~~Uguale riduzione è disposta per i famigliari del___ richiedente indicati nella sua domanda e cioè:~~

1		di	nat. li
2		"	"
3		"	"
4		"	"
5		"	"
6		"	"

Il presente decreto sarà, a cura dell'autorità comunale, notificato al___ richiedente nei modi previsti al N. VI del citato D. M. e avrà esecuzione secondo le norme stabilite ai Nri. IV e V del decreto stesso.

Trieste, 17 Marzo 1937/XV

IL PREFETTO

Trieste 1937: l'accettazione della Prefettura di Trieste di cambiare il cognome di Arturo Paschkes in Paschi.

PROVVEDIMENTI PER LA DIFESA DELLA RAZZA ITALIANA

DENUNCIA

delle aziende di cui alla lettera c) dell'art. 10 del R. decreto-legge
17 novembre 1938-XVII, n. 1728 (1)

(AZIENDE INDUSTRIALI O COMMERCIALI)

Generalità complete del titolare, gestore o socio a responsabilità illimitata (cognome, nome, paternità), luogo e data di nascita)	PASCHI dott. LEO fu Silvio, Spalato 27 gennaio 1913
Generalità complete del denunziante che presenta la denuncia quale legale rappresentante di incapace (come sopra)	= =
Domicilio eventualmente eletto	= =

La denuncia comprende n. __1 (una)__ aziende. Agli effetti degli art. 51 e 52 del R. D. L. 9 febbraio 1939-XVII, n. 126, si dichiara di voler conservare gli attuali diritti nei riguardi delle aziende descritte in denunzia coi nn. d'ordine __1__

Le aziende donate o che si intende donare ai sensi dell'art. 6 del R. D. L. 9-2-1939-XVII, n. 126, sono quelle descritte ai numeri d'ordine

Il titolare, gestore o socio a responsabilità illimitata delle aziende denunciate con la presente, ritenendosi nelle condizioni richieste per ottenere il provvedimento di discriminazione di cui all'art. 14 R. D. L. 17 novembre 1938-XVII, n. 1728, ha presentato la relativa istanza in data __31/3/39 XVII__ al __la R. Prefettura di Trieste__

Data e luogo della denuncia __Trieste, 6 maggio 1939 XVII__

Firma del denunziante ....

In proprio, o in qualità di legale rappresentante del suddetto Sig. .... incapace.

RISERVATO AL CONSIGLIO PROVINCIALE DELLE CORPORAZIONI

La presente denuncia è stata presentata al Consiglio Provinciale delle Corporazioni di __Trieste__
in data __8 MAG. 1939__
Fogli aggiuntivi n. ....
No. prot. __3310__
No. R. D.
Il Funzionario ricevente ....

(1) Sono escluse dalla denuncia solo le aziende artigiane rappresentate sindacalmente dalla Federazione Nazionale Fascista degli Artigiani.

La denuncia nei confronti di Leo Paschi, appartenente alla razza ebraica, di avere una attività commerciale.

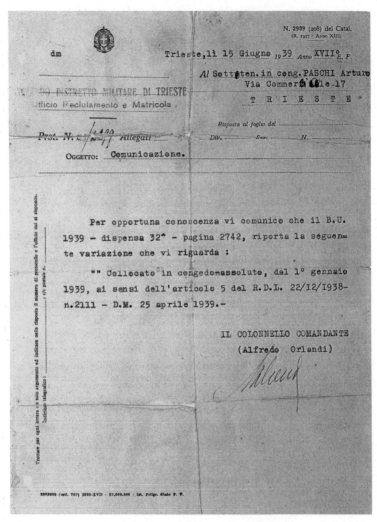

Trieste 1939: la messa in congedo di Arturo Paschi per appartenenza alla razza ebraica.

AL MINISTERO DELLA GUERRA — R O M A

tramite

DISTRETTO MILITARE DI TRIESTE

Oggetto: Domanda di arruolamento volontario

Il sottoscritto S.Tenente di complemento degli Alpini in congedo assoluto PASCHI (già PASCHKES) dott. ARTURO fu Silvio, nato a Trieste il 13/III/ 1 9 1 4 ed ivi residente in Via Commerciale 17, in occasione dello stato di guerra in cui si trova il Paese, chiede l'onore di essere richiamato in servizio.

Trieste, 14 giugno 1940/XVIII°

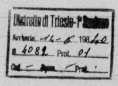

Trieste 1940: Arturo Paschi, essendo l'Italia in guerra, chiede di essere richiamato. La richiesta gli sarà negata in quanto gli appartenenti alla razza ebraica non possono prestare servizio militare né in tempo di pace né in tempo di guerra (vedere documento pagina 274).

01/4082

COMANDO DISTRETTO MILITARE DI TRIESTE
Ufficio Reclutamento - Matricola

Trieste 14-8-940

Al Sot. Ten. degli Alpini in congedo
PASCHI Dr. Arturo

T R I E S T E

Via Commerciale 17

..... In restituzione significando che gli appartenenti alla razza ebraica non possono prestare servizio militare né in tempo di pace né in tempo di guerra.

IL COLONNELLO COMANDANTE

Trieste 1941: foto segnaletica di Arturo Paschi.

Le notizie anagrafiche della famiglia Paschi, del Comune di Trieste, nel novembre 1943. Nelle osservazioni: "Appartengono alla razza ebraica", hanno aggiunto a mano "Tutti" (vedere seconda parte del documento a pagina 277).

Comune di nascita	Giorno	Mese	Anno	Data di matrimonio	Grado di parentela	Professione	A.
Fiume	31	7	1878	5.5.1912	cfa		✠ 14.5.1937
Trieste	17	7	1884		moglie		
Spoleto	27	1	1913	12.6.1938	figl.		sposata
Trieste	13	3	1916				

FICHE sulla dimora e residenza

Trieste

OSSERVAZIONI

Tutti Appartengono alla razza ebraica.

Riscontrato col Registro di popolazione
Il Funzionario:

D'ordine del Podestà
Il Capoufficio:

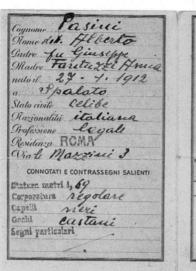

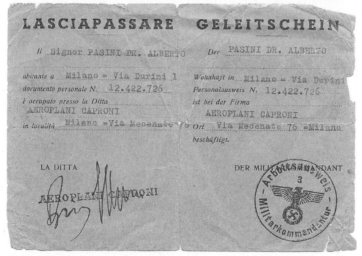

Milano 1943: il documento di riconoscimento e il lasciapassare sotto falso nome (Alberto Pasini) di Arturo Paschi.

Eidgenössisches Justiz- und Polizeidepartement
Polizeiabteilung

Département fédéral de justice et police
Division de police

Dipartimento federale di giustizia e polizia
Divisione della polizia

N 16835 Be

Berna, il 9 marzo 1944.

Cdo. Ter. 9 b,
Uff. di pol.

Posta da campo.

Per il signor Arturo PASCHI,
1914, all'ospedale italiano
a Lugano.

   In data odierna   abbiamo deciso il vostro internamento.

   Come luogo di residenza vi abbiamo assegnato Massagno.

   Sarete così liberato dal campo e dovrete annunciarvi senza indugio, munito della presente lettera, alla polizia degli stranieri del cantone Ticino. Questa autorità vi metterà a conoscenza delle condizioni dell'internamento.

   Se il foglio di segnalazione e le fotografie richieste per la creazione del libretto per rifugiati mancassero, vorrete, annunziandovi all'autorità cantonale di polizia degli stranieri, darne comunicazione a quest'ultima, che farà quanto è necessario.

           Con distinta stima
       IL CAPO DELLA DIVISIONE DELLA POLIZIA
          p.o.

Berna 1944: la comunicazione di internamento di Arturo Paschi.

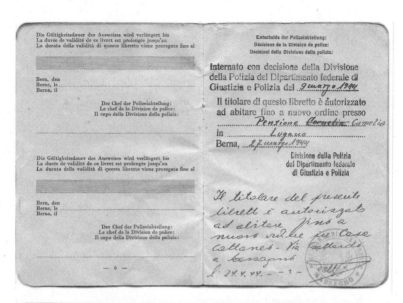

Berna 1944: il libretto di internamento.

Berna 1944: libretto per i rifugiati.

Lugano 1945: la tessera del C.L.N.A.I. delegazione della Svizzera.

DR. MED. EDOARDO DE STOPPANI
INTERNISTA F. M. H.
TEL. 2 13 21   LUGANO   VIA NASSA 29

CONSULTAZIONI 9-10 e 14-15 (APPUNTAMENTI)
SALVO LUNEDÌ E GIOVEDÌ

Lugano 7 novembre 1945 194

Certificato medico

Ho in cura, già da circa un anno il Signor
PASCHI Arturo, 1914
il quale, in seguito ad uno stato di debolezza generale provocato
da una ferita d'arma da fuoco, con conseguente peritonite e successiva pleurite destra, prima della sua entrata in Isvizzera,
ha presentato un vasto empiema a flora mista della cavità pleurale sinistra.

Quest'empiema, resistente ai sulfanilamidici e parzialmente
alla penicilina, ha dovuto essere operato a due riprese.

Il paziente è rimasto più di 8 mesi in clinica ed ha
portato una canula peurale per 5 mesi circa.

Attualmente lo stato generale é notevolmente migliorato ma é indispensabile che il signor Paschi rimanga ancora a
lungo sotto controllo medico e possa godere durante la convalescenza di un minimo di conforto e di dovuti riguardi.

TO ANY ALLIED AUTHORITY IT MAY CONCERN.

Seen and approved by this office who can
furthermore confirm that Mr. Arturo PASCHI
is well known to the undersigned and that
he received his wound in the Allied cause.

7/11/45.

BRITISH VICE CONSUL

In fede.

Dr. Med. E. de Stoppani
Internista F.M.H.
29, Via Nassa - Tel. 2.13.21
Lugano

Lugano 1945: la certificazione medica dello stato di salute di Arturo Paschi.

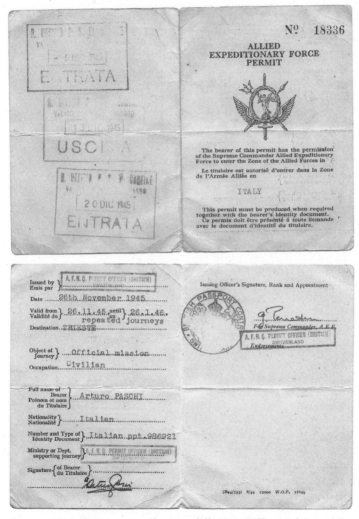

Lugano 1945: il passaporto rilasciato dalle Forze Alleate ad Arturo Paschi per potersi recare a Trieste sotto la loro giurisdizione.

Dicembre 1945: il Certificato al Patriota concesso ad Arturo Paschi da Harold Alexander, comandante supremo delle Forze Alleate nel Mediterraneo centrale.

Milano, 19.5.946

Caro Lucci,

temo che festino il tuo stratagemma relativo alla richiesta di fornitura di telefoni sarebbe stato vano, data la mia invincibile riluttanza a scrivere, se ad esso non si fosse ora aggiunto un fatto, piuttosto spiacevole, per il quale mi preme di corrispondere con te. Tre giorni orsono entrambi i coniugi Cucchi sono stati arrestati e tradotti a Varese, per ordine di quella sorte di Corte straordinaria, a rispondere di collaborazionismo, per aver consegnato ebrei ai tedeschi, e di truffa, per aver loro estorto denaro ed altri averi col pretesto di provvedere al loro espatrio. La verità è, come tu sai, che le guide di Varese, d'accordo con i tedeschi, tradirono quei disgraziati all'insaputa dei Cucchi e che, per cavarsela, hanno ora accusato questi ultimi, appoggiando le accuse fatte contro di loro dagli ebrei reduci dalla Germania, e convinti della colpevolezza dei Cucchi. Le guide, che hanno consegnato ai tedeschi anche prigionieri britannici, come ora ho scoperto, facendosi rilasciare e trasmettendoci, con uno stratagemma, il famoso cartellino, sono state rilasciate contemporaneamente all'arresto dei Cucchi. Io non dubito che, qualora tu fossi invitato a farlo, tu verresti ben volentieri a deporre in favore dei Cucchi che, a parte qualche possibile disordine amministrativo comprensibile dato l'ambiente, la forma mentis e le circostanze, meritano tutto il nostro aiuto per il lavoro veramente notevole che hanno fatto e per lo slancio e la generosità con cui l'hanno fatto: desidererei per sapere subito da te se la tua eventuale venuta potrebbe incontrare difficoltà di alcun genere. Intanto tento di far ottenere la libertà provvisoria ad almeno uno dei due coniugi, che hanno dovuto lasciare la bambina affidata ad estranei e sospendere temporaneamente la loro attività. Spero almeno che questo spiacevole episodio mi varrà una tua visita a Milano, già altre volte promessa e non effettuata.

Venendo all'argomento dei telefoni, non sono riuscito a capire che cosa intendi per cassetta "Sartorio" e relativi due telefoni da tavolo, dato che non costruiscono alcun dispositivo con denominato; trattasi forse di due apparecchi intercomunicanti usufruenti della medesima linea urbana? ed in tale caso n'elude dera il segreto (la linea urbana può essere presa da un solo apparecchio per volta ad esclusione dell'altro, nelle comunicazioni interne o no? e gli apparecchi possono essere più di due e sino a qual numero massimo? naturalmente se trattasi di impianto di due soli apparecchi, non estensibile, verrebbe a costare molto meno e sarebbero pronti (ma allora che cosa è la cassetta "Sartorio"?).

Ho trovato i tuoi sandali che ti spedirò con gli apparecchi, se mi confermi ciò che noi o altrimenti a parte.

Quanto alla premiazione, è costata a me ed agli altri disgraziati amici il cui nome è stato citato dai giornali, una pioggia di proteste, di rimostranze e di improperi; in sostanza si è trattato di questo: in occasione della distribuzione di un primo lotto di 300 certificati di benemerenza di tipo "popolare" a gente della provincia di Milano che aveva aiutato i prigionieri alleati (quasi tutti ignoti a me), gli inglesi vollero solennizzare la cosa facendo una cerimonia al castello, presenti alcune autorità ed invitarono me ed alcuni dei nostri ad assistere. Con mia sorpresa ed imbarazzo (avendo io preventivamente dichiarato che si trattava soltanto di me essendo quali spettatori) mi rigurgirono di una protuberanza con dedica e di un dinersetto. I giornali riportarono i nostri nomi tra quelli che avrebbero preso quattrini ed onorificenze, e di qui tutti i nostri guai.

Sento con piacere che il tuo orientamento verso il sentito di Parsi, che spero sia ormai cosa fatta io ho pure aderito al Movimento che trovo, almeno nel programma e nelle finalità, abbastanza conforme al mio modo di pensare (soltanto vorrei un po' più di decentramento ed un po' più di intransigenza in questioni morali e d'epurazione). Si consente, almeno qui a Milano, è formato da persone completamente nuove, immuni, spoglie di qualsiasi senso pratico, come stanno brillantemente dimostrando con il modo in cui conducono la campagna elettorale; ma mi consolo pensando che l'assoluta certezza che non si riuscirà a cavare un ragno dal buco farà sì che soltanto coloro che non hanno ambizioni di sorta aderiranno al Movimento. Io mi sto occupando di un po' di organizzazione propagandistica di mia iniziativa e clandestinamente, perché i boiosi del Movimento mi hanno apertamente dichiarato che di organizzazione non ne capiscono niente e che del mio aiuto non sanno che farsene. Temo che Amos sia un po' nelle stesse condizioni, e intanto si vanno rinfiancando i "comitati" di Parri, che riscuotono ormai successi entusiastici e che, per mancanza di organizzazione, non frutteranno nulla.

La cooperativa è riuscita a mettersi in piedi e si regge ora, un po' barcollante, ma abbastanza stabilmente. Comincio a sperare che, se tutto va bene, riusciremo a restituire il capitale senza interessi ai soci!

Salutami molto cordialmente la mamma, il papà, tutto e tutti i tuoi, inoltre gli amici Pincherle (ho saputo della morte della madre ed ho scritto a Romeo) e, se ti capita, quel bel tipo di Wilfred. Saluti a tutti da Audrey e Marco; un abbraccio da me

tuo Pino Bacciagaluppi

P.S. Hai più saputo niente di quel Norati Marco di cui t'eri interessato? Mi dispiace perché disperso? Saluti da Gemma Bentellini che ti prega di interessarti del libretto del marito nella questione di Trieste, che veramente merita di esser letto e diffuso. Ne sono state inviate 5 o 6 copie alla libreria Bettolini, via S. Lazzaro 1.

Milano 1946: la lettera di Giuseppe Bacciagaluppi ad Arturo Paschi in cui lo avverte della situazione processuale dei coniugi Cucchi.

Venezia 1946: l'immatricolazione di Editta Vellat nel corso di Lingue e letterature straniere dell'Università di Venezia.

Milano 1948: il riconoscimento di Partigiano combattente ferito di Arturo Paschi.

N. 74242 d'ordine
del Registro delle concessioni

ESERCITO ITALIANO

REGIONE MILITARE NORD EST
IL COMANDANTE MILITARE TERRITORIALE DI PADOVA

Visto il R. Decreto 14 dicembre 1942, n. 1729;
Visto il Decreto L. 6 settembre 1946, n. 93;
Vista la Circ. n. 16 G. M. 1948;

DETERMINA:

E' concessa al Sottotenente Fanteria Complemento Arturo P A S C H I nato il 13.3.1914 a Trieste

la **CROCE AL MERITO DI GUERRA,**

in seguito ad attività partigiana.

1ª concessione.

Padova, addì 2 maggio 19 66

IL GENERALE COMANDANTE
- Antonio NANI

Padova 1966: la Croce al merito di guerra concessa ad Arturo Paschi in seguito ad attività partigiana.

Prof. Vito Morpurgo
VIA PRINCIPE AMEDEO, 40 - TELEF. 21 32 94
70121 Bari

Bari 1 Giugno 1984

Caro Leo,
  ti avevo scritto che ti avrei spedito degli stralci di una specie di mio diario partigiano. E oggi posso mantenere la promessa perché frugando tra i fogli sparsi ho trovato qualche cosa.

  In realtà si tratta di un tentativo stilisticamente nuovo, perché oltre a riferire cerco di far parlare i personaggi in prima persona.

  Il lavoro è stato interrotto dalla lunga e mortale malattia di mia moglie e dall'impegno richiestomi per far vincere ad

> altri dei concorsi universitari
> Dipenderà da diversi fattori
> se riuscirò ad arricchire i
> fogli sparsi che ti mando.
> Ti considero non del tutto estraneo
> alle vicende perché anche tu
> ti trovasti in circostanze in
> qualche modo paragonabili alle
> mie. Quando mi arrestarono
> pensai a te.
> Affettuosamente
> Vito.

Bari 1984: la lettera di Vito Morpurgo ad Arturo Paschi che lui chiama erroneamente col nome del fratello Leo.

Trieste 1990: il diploma rilasciato dall'Associazione Deportati e Perseguitati Politici Italiani Antifascisti ad Arturo Paschi.

Il libretto di Pensione privilegiata di guerra di Arturo Paschi.

Indice

Prefazione di Silva Bon — 5

Il segretario di Nino
Un ebreo triestino nella Resistenza — 11

I. Guerra — 13

II. Dopoguerra — 75

III. Famiglia — 125

IV. Europa — 187

Bibliografia essenziale — 241

Documentazione fotografica — 243

Appendice documentaria — 263

Indice — 295

Finito di stampare nel settembre 2011
dalla Press Grafica di Gravellona Toce, Verbania.